JN056847

2023

遺族給付 Q&A

H&P 健康と年金出版社

目　　次

資　　料 ——————————————————— 103

参　　考 ……………………………………………………………… 166

凡　例

●本書の内容は、令和5年4月現在の国民年金法、厚生年金保険法および関係法令によっています。

●本書の根拠条文において使用した略称の主なものは、次のとおりです。
　国年法………………国民年金法
　60改附………………国民年金法等の一部を改正する法律（昭和60年法律第34号）附則
　12改附………………国民年金法等の一部を改正する法律（平成12年法律第18号）附則
　厚年法………………厚生年金保険法
　厚年令………………厚生年金保険法施行令
　55改附………………厚年法附則（昭和55年10月31日法律第82号）

●本書の根拠条文は、必要に応じ条・項まで示してあります。たとえば、「厚年法44の2①」とあるのは、「厚生年金保険法第44条の2第1項」であることを示しています。

●本書は、厚生労働省ホームページ、日本年金機構ホームページなどの公的機関が公表している情報を必要に応じて参照・引用（引用のうえ一部改編を含む）しています。

遺族給付の制度

遺族年金とは、国民年金または厚生年金保険の被保険者または被保険者であった人が死亡したときに、その人によって生計を維持されていた遺族が受給することができる年金です。遺族年金には「遺族基礎年金」と「遺族厚生年金」があり、死亡者の年金の加入状況、受給する遺族の身分や年齢などによって、いずれかまたは両方の年金が支給されます。

死亡者の要件

❶遺族基礎年金の受給要件（国年法37）

遺族基礎年金は、国民年金の被保険者または被保険者であった人が死亡したときに次のいずれかの要件を満たしているときに、その遺族が受給できます。

(1)国民年金の被保険者である間に死亡したとき

(2)国民年金の被保険者であった60歳以上65歳未満の人で、日本国内に住所を有していた人が死亡したとき

(3)老齢基礎年金の受給権者であった人、老齢基礎年金の受給資格を満たした人が死亡したとき

※(1)および(2)の要件については、死亡日の前日において、死亡日が含まれる月の前々月までの被保険者期間に保険料納付済期間（保険料免除期間を含む）が国民年金加入期間の2/3以上あることまたは特例を満たすことが必要です。「❸　保険料納付要件」参照。

※(3)の要件については、保険料納付済期間、保険料免除期間および合算対象期間を合算した期間が25年以上ある人に限ります。平成29年8月1日の法改正により老齢基礎年金の受給資格期間は25年から10年に短縮されましたが、遺族基礎年金を受給するための死亡した被保険者の受給資格期間は改正が適用されず、25年以上のままとなります。

❷遺族厚生年金の受給要件（厚年法58）

遺族厚生年金は、厚生年金の被保険者または被保険者であった人が死亡、次のいずれかの要件を満たしているときに、その遺族が受給できます。

(1)厚生年金保険の被保険者である間に死亡したとき（短期要件）

(2)厚生年金の被保険者期間に初診日がある病気やけがが原因で、初診日から5年以内に死亡したとき（短期要件）

(3)1級・2級の障害厚生（共済）年金を受給している人が死亡したとき（短期要件）

(4)老齢厚生年金の受給権者であった人、老齢厚生年金の受給資格を満たした人が死亡したとき（長期要件）

※(1)および(2)の要件については、死亡日の前日において、死亡日が含まれる月の前々月までの被保険者期間に保険料納付済期間（保険料免除期間を含む）が国民年金加入期間の2/3以上あることが必要です。「❸　保険料納付要件」参照。

※(4)の要件については、保険料納付済期間、保険料免除期間および合算対象期間を合算した期間が25年以上ある人に限ります。

遺族厚生年金の受給要件には、短期要件と長期要件の2つがあります。長期要件は、老齢厚生年金の受給権がある人もしくは受給資格期間を満たした人が死亡した場合であって、年金額の計算に用いる被保険者期間は、実際の加入期間で計算されます。また、死亡者が昭和21年4月1日以前生まれの場合、その人の生年月日に応じた支給乗率に読み替える経過措置があります。

　一方、短期要件に該当すれば被保険者期間が300月に満たないときでも25年（300月）みなしが適用されます。

　短期要件と長期要件の両方に該当する場合、遺族が申し出をしない限り、短期要件が優先されます（厚年法58②）。

❸保険料納付要件

　保険料納付要件は原則として、死亡日の前日において、死亡日の属する月の前々月までに国民年金の被保険者期間があるときは、当該被保険者期間にかかる保険料納付済期間と保険料免除期間（学生の納付特例、若年者の納付猶予を受けた期間も含む）とを合算した期間が当該被保険者期間の2/3以上を満たしていることが必要です。

保険料納付要件の特例

　死亡日が令和8年3月31日までは、死亡日の前日において死亡日の属する月の前々月までの1年間（死亡日に国民年金の被保険者でなかった者は、死亡日の属する月の前々月以前の直近の国民年金の被保険者期間にかかる月までの1年間）のうちに保険料納付済期間と保険料免除期間以外の国民年金の被保険者期間（つまり保険料滞納期間）がなければ保険料納付要件が満たされます。ただし、当該死亡にかかる人が死亡日において65歳以上であるときを除きます。

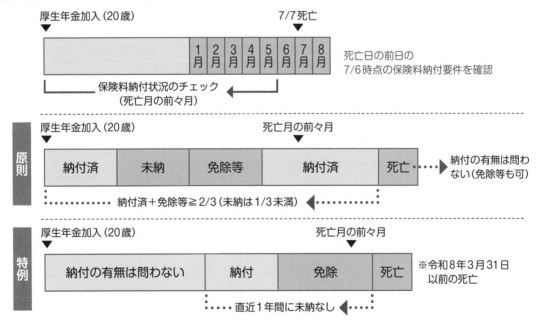

対象遺族

1 遺族基礎年金の遺族の範囲（国年法37の2）

死亡した人に生計を維持されていた以下の遺族が受給することができます。

なお遺族厚生年金を受給できる遺族はあわせて受給できます。

⑴子のある配偶者

⑵子

子とは18歳になった年度の3月31日までにある子、または20歳未満で障害年金の障害等級1級または2級の状態にある子をさします。

子のある配偶者が遺族基礎年金を受給している間や、子に生計を同じくする父または母がいる間は、子には遺族基礎年金は支給されません。

2 遺族厚生年金の遺族の範囲（厚年法59①）

死亡した人に生計を維持されていた以下の遺族のうち、最も優先順位の高い人が受給することができます。なお、遺族基礎年金を受給できる遺族は、遺族厚生年金と遺族基礎年金をあわせて受給できます。

続柄	年齢要件
妻 （事実婚可）	妻（年齢は問われませんが、30歳未満の子のない妻は、5年間のみ受給できます）。
子 （胎児を含む）	子（18歳になった年度の3月31日までにある子、または20歳未満で障害年金の障害等級1級または2級の状態にある子）。婚姻していないこと。
夫 （事実婚可）	死亡当時に55歳以上である人に限ります。なお、受給開始は60歳からとなりますが、遺族基礎年金をあわせて受給できる場合に限り、60歳より前から遺族厚生年金を受給できます。
父母	死亡当時に55歳以上である人に限ります。なお、受給開始は60歳からとなります。
孫	18歳になった年度の3月31日までにある人、または20歳未満で障害年金の障害等級1級または2級の状態にある人。
祖父母	死亡当時に55歳以上である人に限ります。なお、受給開始は60歳からとなります。

3 遺族厚生年金の遺族の順位（厚年法59②）

優先順位が規定されていて、先順位者がいるときは遺族年金を受給できる遺族となりません。

配偶者と子では配偶者が優先されます。ただし配偶者と子が受給権を有し、配偶者が同一事由による遺族基礎年金の受給権を有しない場合は、子に対する支給が優先されます（厚年法66）。

高				低
優先順位 →				

子のある妻	子のない妻	55歳以上の父母	孫	55歳以上の祖父母
子のある55歳以上の夫	子のない55歳以上の夫			
子				

4 生計維持とは

「生計を維持」とは、原則、次の要件を満たす場合をいいます。

(1)生計同一（同居している）こと。ただし、別居していても、仕送りをしている、健康保険の扶養家族である等の事実関係を申立てて、認定の審査を受けることができます。

(2)前年の収入が850万円未満であること。または所得が655万5千円未満であること（概ね5年以内に下がる見込みがある場合を含む）。

生計維持では、「生計同一要件」と「収入要件」の両方を満たす必要があり、「生計同一」では、収入要件は問われません。

厚生労働省年金局長通知「生計維持関係等の認定基準及び認定の取扱いについて（平成23年3月23日 年発0323第1号）」（P.109参照）に基づき認定審査がされます。

年金額

令和5年度の年金額の改定率は、新規裁定者（昭和31年4月2日以後生まれ）は2.2%、既裁定者（昭和31年4月1日以前生まれ）は1.9%となりました。

※本文において「新」と「既」と表記しています。

1 遺族基礎年金の年金額（令和5年度）

(1)子のある配偶者が受給しているとき（国年法38、39①）

・【新】795,000円＋子の加算額（228,700円）　【既】792,600円

(2)子が受給するとき（次の金額を子の数で割った額が1人あたりの額となります〔国年法38、39の2①〕）

・【新】795,000円＋2人目以降の子の加算額

・1人目および2人目の子の加算額　各228,700円

・3人目以降の子の加算額　各76,200円

2 遺族厚生年金の年金額（厚年法60）

遺族厚生年金の年金額は、死亡した人の老齢厚生年金の報酬比例部分の3/4に相当する額となります。

本来水準（12改附20）

老齢厚生年金の報酬比例部分（A＋B）× 3/4

A　平成15年3月以前の加入期間

平均標準報酬月額[※1]×7.125～9.5/1000×平成15年3月以前の加入期間の月数

B　平成15年4月以降の加入期間

平均標準報酬額[※2]×5.481～7.308/1000×平成15年4月以降の加入期間の月数

　※1　平均標準報酬月額とは、平成15年3月以前の加入期間について、計算の基礎となる各月の標準報酬
　　　　月額の総額を、平成15年3月以前の加入期間で割って得た額です。
　※2　平均標準報酬額とは、平成15年4月以降の加入期間について、計算の基礎となる各月の標準報酬月
　　　　額と標準賞与額の総額を、平成15年4月以降の加入期間で割って得た額です。

　短期要件の場合、被保険者期間の総月数が300月未満のときは、300月とみなして計算されます。長期要件の場合、死亡した人の実際の加入月数で計算され、乗率は死亡者の生年月日に応じて異なります。

　老齢厚生年金の報酬比例部分の計算において、平成12年年金改正前の計算式で計算した年金額と比較して高い方が支給されます（従前額保障）。

従前額保障（12改附21）

老齢厚生年金の報酬比例部分（A+B）×3/4×従前額改定率

A　平成15年3月以前の加入期間

平均標準報酬月額×（7.5/1000～10/1000）×平成15年3月以前の加入期間の月数

B　平成15年4月以降の加入期間

平均標準報酬額×（5.769/1000～7.692/1000）×平成15年4月以降の加入期間の月数

　令和5年度の従前額改定率は、昭和13年4月1日以前生まれの人は1.016、昭和13年4月2日以後生まれの人は1.014です。

　共済組合加入期間を有する人の報酬比例部分の年金額については、長期要件では各共済加入期間の平均報酬月額または平均報酬額に応じた額とそれ以外の加入期間の平均標準報酬月額または平均標準報酬額に応じた額がそれぞれ計算され、日本年金機構と各共済組合等から遺族厚生年金が支給されます。短期要件では、日本年金機構と各共済組合等いずれか一方からまとめて支給されます。

　なお、65歳以上で老齢厚生（退職共済）年金を受給する権利がある人が、配偶者の死亡による遺族厚生年金を受給するときは、①「死亡した人の老齢厚生年金の報酬比例部分の3/4の額」と、②「遺族厚生年金の2/3の額と自身の老齢厚生（退職共済）年金の額の1/2の額を合算した額」を比較し、高い方の額が遺族厚生年金の額となります。

① | 遺族厚生年金 死亡者の老齢厚生年金の報酬比例の3/4 |

② | 遺族厚生年金 2/3 | 老齢厚生年金 1/2 |

■ 65歳以上の老齢厚生年金と遺族厚生年金の調整（先あて）

　平成19年3月31日までは、原則、どちらを受給するか選択できていましたが、平成16年の年金制度改正により、平成19年4月1日からは、自分自身が納めた保険料を優先的に年金額に反映させるようになりました。65歳以上で遺族厚生年金と老齢厚生年金を受給する権利がある人は、まず、老齢厚生年金が全額支給され、遺族厚生年金で老齢厚生年金に相当する額の支給が停止となりました。

　老齢厚生年金および遺族厚生年金の受給権を有する65歳以上の人が厚生年金保険の被保険者で、在職による停止が行われている場合でも、遺族厚生年金の額のうち、在職老齢年金の仕組みによる支給停止が行われないとした場合の老齢厚生年金額（基金代行額含む）に相当する額の支払いが止まります。

■【参考】年金額の変遷

	遺族基礎年金	子の加算		中高齢寡婦加算
		1、2子	3子	
平成18年4月1日～平成19年3月31日	792,100	227,900	75,900	594,200
平成19年4月1日～平成20年3月31日	792,100	227,900	75,900	594,200
平成20年4月1日～平成21年3月31日	792,100	227,900	75,900	594,200
平成21年4月1日～平成22年3月31日	792,100	227,900	75,900	594,200
平成22年4月1日～平成23年3月31日	792,100	227,900	75,900	594,200
平成23年4月1日～平成24年3月31日	788,900	227,000	75,600	591,700
平成24年4月1日～平成25年3月31日	786,500	226,300	75,400	589,900
平成25年4月1日～平成25年9月30日	786,500	226,300	75,400	589,900
平成25年10月1日～平成26年3月31日	778,500	224,000	74,600	583,900
平成26年4月1日～平成27年3月31日	772,800	222,400	74,100	579,700
平成27年4月1日～平成28年3月31日	780,100	224,500	74,800	585,100
平成28年4月1日～平成29年3月31日	780,100	224,500	74,800	585,100
平成29年4月1日～平成30年3月31日	779,300	224,300	74,800	584,500
平成30年4月1日～平成31年3月31日	779,300	224,300	74,800	584,500
平成31年4月1日～令和2年3月31日	780,100	224,500	74,800	585,100
令和2年4月1日～令和3年3月31日	781,700	224,900	75,000	586,300
令和3年4月1日～令和4年3月31日	780,900	224,700	74,900	585,700
令和4年4月1日～令和5年3月31日	777,800	223,800	74,600	583,400
令和5年4月1日～令和6年3月31日	新795,000 既792,600	228,700	76,200	新596,300

※令和5年4月1日～令和6年3月31日については新規裁定者と既裁定者で年金額が変わります。詳しくはP.10「令和5年度の年金額」を参照。

中高齢寡婦加算（厚年法60、62、60改附61①、同72①）

　中高齢寡婦加算は、遺族厚生年金の受給権者の妻で遺族基礎年金を受給できない場合、次の要件に該当すれば、40歳から65歳になるまでの間、遺族厚生年金に加算されます。中高齢寡

婦加算額は、遺族基礎年金の3/4に相当する額で、妻の生年月日に関わらず一定額です。65歳以降は、生年月日に応じて、経過的寡婦加算（昭和31年4月1日以前に生まれ）となります。

■ 死亡者の加入期間

長期要件に該当する場合は、

- 死亡した夫の厚生年金保険の被保険者期間が20年以上
- 中高齢者の期間短縮の特例該当（40歳以上15年以上加入）
- 共済組合加入期間と合算して20年以上

短期要件に該当する場合は300月みなしとなるため、実際の加入期間に関わらず加算されます。

■ 請求者の妻の年齢と受給例

夫死亡時、夫に生計維持されていた妻に加算されます。なお、国民年金法による遺族基礎年金を受給できる間は、中高齢寡婦加算は支給停止されます。

- 子のない妻の場合……遺族厚生年金の受給権取得時、40歳以上65歳未満だった妻

発生 / 40歳以降	65歳
遺族厚生年金	遺族厚生年金
	経過的寡婦加算
中高齢寡婦加算	

- 子のある妻の場合……遺族厚生年金の受給権取得時は40歳未満で、40歳到達時死亡者の子で次のいずれかに該当する子と生計を同じくしていた妻。ただし、死亡後から妻が40歳に到達するまでにその子が離縁や年齢到達などに該当した場合は対象になりません。
  (1)死亡時に死亡者が生計を維持していた18歳到達年度の末日までの子
  (2)死亡時に死亡者が生計を維持していた20歳未満で障害の状態にある子

発生	40歳	18歳到達年度末	65歳
遺族厚生年金	遺族厚生年金	遺族厚生年金	
中高齢寡婦加算（停止）	中高齢寡婦加算	経過的寡婦加算	
遺族基礎年金			
子の加算			

経過的寡婦加算（厚年法60、60改附73）

遺族厚生年金を受給者している昭和31年4月1日以前生まれの妻で、次のいずれかに該当する場合に遺族厚生年金に加算されます。

- 遺族厚生年金の受給権が発生したとき65歳以上（死亡した夫の厚生年金の被保険者期間が20年以上の場合や短期要件による場合）
- 中高齢寡婦加算を受給していた遺族厚生年金の受給権者である妻が65歳に達したとき

経過的寡婦加算の額は、昭和61年4月1日から60歳に達するまで国民年金に加入した場合の老齢基礎年金の額と合わせると、中高齢寡婦加算の額と同額になるよう決められています。

(令和5年度)

経過的寡婦加算額＝中高齢寡婦加算額−老齢基礎年金の額×生年月日に応じた乗率		
年月日	乗率	経過的寡婦加算額
昭和2年4月1日以前		594,500
昭和2年4月2日〜昭和3年4月1日	12/312	564,015
昭和3年4月2日〜昭和4年4月1日	24/324	535,789
昭和4年4月2日〜昭和5年4月1日	36/336	509,579
昭和5年4月2日〜昭和6年4月1日	48/348	485,176
昭和6年4月2日〜昭和7年4月1日	60/360	462,400
昭和7年4月2日〜昭和8年4月1日	72/372	441,094
昭和8年4月2日〜昭和9年4月1日	84/384	421,119
昭和9年4月2日〜昭和10年4月1日	96/396	402,355
昭和10年4月2日〜昭和11年4月1日	108/408	384,694
昭和11年4月2日〜昭和12年4月1日	120/420	368,043
昭和12年4月2日〜昭和13年4月1日	132/432	352,317
昭和13年4月2日〜昭和14年4月1日	144/444	337,441
昭和14年4月2日〜昭和15年4月1日	156/456	323,347
昭和15年4月2日〜昭和16年4月1日	168/468	309,977
昭和16年4月2日〜昭和17年4月1日	180/480	297,275
昭和17年4月2日〜昭和18年4月1日	192/480	277,460
昭和18年4月2日〜昭和19年4月1日	204/480	257,645
昭和19年4月2日〜昭和20年4月1日	216/480	237,830
昭和20年4月2日〜昭和21年4月1日	228/480	218,015
昭和21年4月2日〜昭和22年4月1日	240/480	198,200
昭和22年4月2日〜昭和23年4月1日	252/480	178,385
昭和23年4月2日〜昭和24年4月1日	264/480	158,570
昭和24年4月2日〜昭和25年4月1日	276/480	138,755
昭和25年4月2日〜昭和26年4月1日	288/480	118,940
昭和26年4月2日〜昭和27年4月1日	300/480	99,125
昭和27年4月2日〜昭和28年4月1日	312/480	79,310
昭和28年4月2日〜昭和29年4月1日	324/480	59,495
昭和29年4月2日〜昭和30年4月1日	336/480	39,680
昭和30年4月2日〜昭和31年4月1日	348/480	19,865
昭和31年4月2日以降は寡婦加算なし		0

令和5年度の年金額

　年金額の改定は、名目手取り賃金変動率が物価変動率を上回る場合、新規裁定者（67歳以下の方）の年金額は名目手取り賃金変動率を、既裁定者（68歳以上の方）の年金額は物価変動率を用いて改定することが法律で定められています。このため、令和5年度の年金額は、新規裁定者は名目手取り賃金変動率（2.8％）を、既裁定者は物価変動率（2.5％）を用いて改定されます。　さらに、令和5年度のマクロ経済スライドによる調整（▲0.3％）と、令和3・4年度のマクロ経済スライドの未調整分による調整（▲0.3％）も行われ、令和5年度の年金額の改定率は、新規裁定者は2.2％、既裁定者は1.9％となります。

　※本文において「新」と「既」と表記しています。

失権

　遺族年金を受給している人が、結婚や養子縁組など、下表の事実に該当したときは、年金を受給する権利がなくなります。「遺族年金失権届」の「失権の事由に該当した年月日」欄には、下表の事実に該当した年月日を記入します。

届出が必要な事由

受給権者	遺族基礎年金	遺族厚生年金
妻	受給権者本人が次のいずれかに該当するとき ①亡くなったとき ②結婚したとき（内縁関係を含む） ③直系血族または直系姻族以外の人の養子となったとき また、遺族基礎年金の受給権を有しているすべての子が次のいずれかに該当したとき ①亡くなったとき ②結婚したとき（内縁関係を含む） ③受給権者（妻）以外の人の養子となったとき ④亡くなった方と離縁したとき ⑤受給権者（妻）と生計を同じくしなくなったとき ⑥18歳になった年度の3月31日に到達したとき。ただし障害等級1級・2級に該当する障害の状態にあるときは、20歳に到達したとき ⑦18歳になった年度の3月31日後20歳未満で障害等級1級・2級の障害の状態に該当しなくなったとき ※項番6については「遺族年金失権届」の提出は不要です。	受給権者本人が次のいずれかに該当するとき（厚年法63①） ①亡くなったとき ②結婚したとき（内縁関係を含む） ③直系血族または直系姻族以外の人の養子となったとき ④夫が亡くなった当時30歳未満の「子のない妻」が、遺族厚生年金を受給する権利を得てから5年を経過したとき（注1） ⑤遺族基礎年金・遺族厚生年金を受給していた妻が、30歳に到達する前に遺族基礎年金を受給する権利がなくなり、その権利がなくなってから5年を経過したとき（注2） ※上記4および5は、平成19年4月1日以降に夫が亡くなり、遺族厚生年金を受給することとなった場合に限ります。

夫	受給権者本人が次のいずれかに該当するとき ①亡くなったとき ②結婚したとき(内縁関係を含む) ③直系血族または直系姻族以外の人の養子となったとき また、遺族基礎年金の受給権を有しているすべての子が次のいずれかに該当したとき ①亡くなったとき ②結婚したとき(内縁関係を含む) ③受給権者(夫)以外の人の養子となったとき ④亡くなった人と離縁したとき ⑤受給権者(夫)と生計を同じくしなくなったとき ⑥18歳になった年度の3月31日に到達したとき。ただし障害等級1級・2級に該当する障害の状態にあるときは、20歳に到達したとき ⑦18歳になった年度の3月31日後20歳未満で障害等級1級・2級の障害の状態に該当しなくなったとき ※項番6については「遺族年金失権届」の提出は不要です。	受給権者本人が次のいずれかに該当するとき(厚年法63①) ①亡くなったとき ②結婚したとき(内縁関係を含む) ③直系血族または直系姻族以外の人の養子となったとき
子	受給権者本人が次のいずれかに該当するとき(国年法40②) ①亡くなったとき ②結婚したとき(内縁関係を含む) ③直系血族または直系姻族以外の人の養子となったとき ④亡くなった人と離縁したとき ⑤18歳になった年度の3月31日に到達したとき。ただし障害等級1級・2級に該当する障害の状態にあるときは、20歳に到達したとき ⑥18歳になった年度の3月31日後20歳未満で障害等級1級・2級の障害の状態に該当しなくなったとき ※項番5については「遺族年金失権届」の提出は不要です。	受給権者本人が次のいずれかに該当するとき ①亡くなったとき ②結婚したとき(内縁関係を含む) ③直系血族または直系姻族以外の人の養子となったとき ④亡くなった人と離縁したとき ⑤18歳になった年度の3月31日に到達したとき。ただし障害等級1級・2級に該当する障害の状態にあるときは、20歳に到達したとき ⑥18歳になった年度の3月31日後20歳未満で障害等級1級・2級の障害の状態に該当しなくなったとき ※項番5については「遺族年金失権届」の提出は不要です。
父母		受給権者本人が次のいずれかに該当するとき ①亡くなったとき ②結婚したとき(内縁関係を含む) ③直系血族または直系姻族以外の人の養子となったとき ④亡くなった人と離縁したとき ⑤亡くなった人の死亡当時胎児であった子が生まれたとき

孫		受給権者本人が次のいずれかに該当するとき ①亡くなったとき ②結婚したとき(内縁関係を含む) ③直系血族または直系姻族以外の人の養子となったとき ④離縁によって亡くなった人との親族関係が終了したとき ⑤18歳になった年度の3月31日に到達したとき。ただし障害等級1級・2級に該当する障害の状態にあるときは、20歳に到達したとき ⑥18歳になった年度の3月31日後20歳未満で障害等級1級・2級の障害の状態に該当しなくなったとき ⑦亡くなった人の死亡当時胎児であった子が生まれたとき ※項番5については「遺族年金失権届」の提出は不要です。
祖父母		受給権者本人が次のいずれかに該当するとき ①亡くなったとき ②結婚したとき(内縁関係を含む) ③直系血族または直系姻族以外の人の養子となったとき ④離縁によって亡くなった人との親族関係が終了したとき ⑤亡くなった人の死亡当時胎児であった子が生まれたとき

注1　遺族厚生年金の受給権取得時30歳未満だった妻が同一支給事由に基づく遺族基礎年金の受給権を有しない時はその遺族厚生年金の受給権を取得した日から起算して5年を経過した日

注2　遺族厚生年金と同一支給事由に基づく遺族基礎年金の受給権を有する妻が30歳に達する日前に当該遺族基礎年金の受給権が消滅した日から起算して5年を経過した日

支給停止

受給権者本人が次のいずれかに該当するとき停止となります。

受給権者	遺族基礎年金	遺族厚生年金
妻	所在が1年以上不明の時（国年法41②）	1 老齢厚生年金相当分の支給停止（65歳以上） 2 中高齢寡婦加算額の支給停止（注1） 3 所在が1年以上不明のとき（厚年法67）
子	1 配偶者（親）が遺族基礎年金を受給しているとき（国年法41②）（注2） 2 子の所在が1年以上不明のとき（国年法42）	1 配偶者（親）が遺族厚生年金を受給しているとき（厚年法66①）（注2） 2 所在が1年以上不明のとき（厚年法67）
夫・父母		受給者が60歳に到達するまで（厚年法60、65の2、60改附72④） ただし、夫が遺族基礎年金を受給できるときは除く

注1 中高齢寡婦加算額の支給停止
　　同一事由による遺族基礎年金を受給している間は、中高齢寡婦加算は停止となります。

注2 配偶者（親）が遺族基礎年金を受給しているとき
　　配偶者が遺族基礎年金を受給している間は子に対する支給は停止されます。
　　妻と子に受給権が発生している場合は、妻が子の加算額を含めた遺族基礎年金を受給します。

配偶者以外の人に対する遺族厚生年金の受給者が複数で、うち1人の所在が1年以上不明な場合、他の受給者の申請によって、所在不明になったときに遡って所在不明者への支給が停止されます（厚年法68）。

なお、支給停止の解除はいつでも申請でき、その翌月から年金が支給となります。

支給停止事由消滅

遺族基礎年金・遺族厚生年金が全額停止されていた人で、支給停止の期間が満了したときや母が再婚等で遺族基礎年金を受給できなくなったときなど、年金を受給できるようになったときは「遺族年金受給権者支給停止事由消滅届」を提出します。

1 子が受給できるようになるとき

妻が遺族年金を受給している間は子の遺族年金は全額停止されますが、妻が次のいずれかに該当したときは、妻に代わって子が遺族年金を受給できるようになります。

- 死亡したとき
- 婚姻したとき（内縁関係を含む）

❷夫、父母、祖父母が受給できるようになるとき

遺族年金を受給できる権利が発生したときに、60歳未満のために年金が支給停止されていた夫、父母、祖父母が60歳になると遺族年金を受給できます。

ただし、遺族年金以外にも受給できる年金があり、65歳未満の場合は受給する年金を選択することとなります。

失権と支給停止

子が直系血族または直系姻族の養子となった場合は、子の遺族基礎年金は失権しませんが、妻の遺族基礎年金は子供が養子となったときに失権します（国年法40②）。また、妻に遺族基礎年金の受給権がなく、子供に遺族基礎年金の受給権があるときは、妻の遺族厚生年金は支給停止と規定されています（厚年法66②）。

それにより、子へ遺族基礎年金と遺族厚生年金の支給が始まりますが、養父母と生計同一であれば遺族基礎年金は支給停止となり、遺族厚生年金のみ支給となります。

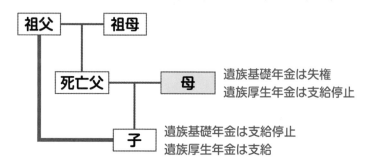

国民年金法　第40条　遺族基礎年金の受給権は、受給権者が次の各号のいずれかに該当するに至ったときは、消滅する。
一　死亡したとき。
二　婚姻をしたとき。
三　養子となったとき（直系血族又は直系姻族の養子となったときを除く。）。
2　配偶者の有する遺族基礎年金の受給権は、前項の規定によって消滅するほか、第三十九条第一項に規定する子が一人であるときはその子が、同項に規定する子が二人以上であるときは同時に又は時を異にしてその全ての子が、同条第三項各号のいずれかに該当するに至ったときは、消滅する。
厚生年金保険法　第66条の2
配偶者に対する遺族厚生年金は、当該被保険者又は被保険者であった者の死亡について、配偶者が国民年金法による遺族基礎年金の受給権を有しない場合であって子が当該遺族基礎年金の受給権を有するときは、その間、その支給を停止する。

被用者年金一元化（平成27年10月1日）以降の死亡の場合

❶短期要件の場合（厚年法78の32）

2つ以上の種別の被保険者期間を有する人の当該期間が1つであるものとみなして、原則と

して、死亡日に属していた実施機関（日本年金機構・国家公務員共済組合・地方公務員共済組合・私立学校教職員共済）において、他の実施機関の加入期間分も含めて年金額が決定されます。つまり、死亡日に第1号厚生年金被保険者であれば日本年金機構で、第3号厚生年金被保険者であれば地方公務員共済組合が決定・支給を行うことになります。

　年金額の計算は、それぞれの加入期間についての報酬比例部分の額を計算した額の3/4に相当する額を合算した額となります。ただし、それぞれの加入期間を合算した期間が300月に満たないときは、当該合算額を当該合算した期間で除して得た額に300月を乗じて得た額となります。いわゆる300月とみなして計算されます。

■ 短期要件事例（地方公務員加入中死亡）

民間会社	国家公務員	地方公務員	在職中死亡
第1号厚年	第2号厚年	第3号厚年	
10年	8年	3年	

　死亡日の属する実施機関（地方公務員共済組合）がとりまとめて、在職中の死亡（短期要件）で、加入期間の合計で21年ですが、25年（300月）とみなして決定されます。

❷長期要件の場合（厚年法78の32②）

　2つ以上の種別の被保険者期間を有する人は、それぞれの実施機関から加入期間に応じた遺族厚生年金が支給されます。

　年金額の計算はまず、それぞれの加入期間に基づいて遺族厚生年金の計算を行い、それを合算し遺族厚生年金の総額を算出します。請求者が65歳以上で老齢厚生年金を受給して「先あて」の調整が必要な場合はこの段階で計算が行われます。

　「先あて」とは本人の老齢厚生年金は全額支給となり、遺族厚生年金よりそれに相当する額が支給停止されることです。

■ 長期要件事例（受給者の死亡）

民間会社	国家公務員	私学教職員
第1号厚年	第2号厚年	第4号厚年
10年	12年	5年

　第1号厚年分は日本年金機構、第2号厚年分は国家公務員共済組合連合会、第4号厚年分は私学事業団がそれぞれ決定・支給を行います。

❸中高齢寡婦加算・経過的寡婦加算（厚年法78の32③）

　2つ以上の種別の厚生年金被保険者期間を有する人に支給される中高齢寡婦加算および経過的寡婦加算は、加入期間に応じ按分してそれぞれの実施機関から支給されるのではなく、2以上の種別の被保険者期間のうち、1つの遺族厚生年金に加算されます。

　その基本的な取り扱いはまず、加入期間が最も長い遺族厚生年金に加算され、長さが同じ場

合は厚年1号（日本年金機構）、厚年2号（国家公務員共済組合）、厚年3号（地方公務員共済組合）、厚年4号（私立学校教職員共済）の順番で加算されます。

　なお、請求手続きについては、原則いずれか1つの実施機関へ請求することで、すべての遺族厚生年金の請求が行なわれたことになります（ワンストップサービス）。

国民年金の独自給付

❶寡婦年金（国年法49）

　寡婦年金は、次の条件を満たした夫が死亡したとき、生計維持されていた妻が60歳から65歳まで受けられる年金です。まず、夫の死亡日の前日において死亡日の属する月の前月までの第1号被保険者（自営業者等）としての被保険者期間に係る保険料納付済期間と保険料免除期間とを合算した期間が10年以上必要です。学生納付特例期間、納付猶予期間を含みますが、学生納付特例、納付猶予の期間は年金額には反映されません。なお、平成29年7月31日以前の死亡の場合は25年以上必要です。

　次に、妻は夫の死亡の当時、夫によって生計を維持され、かつ、夫との婚姻関係（届出をしていないが、事実婚を含む）が10年以上継続していた65歳未満の妻に支給されます。

　ただし、死亡した夫が老齢基礎年金または障害基礎年金の支給を受けたことがあるときは受給できません。令和3年3月31日以前の死亡の場合は、夫が障害年金の受給権者であったとき支給を受けていなくても支給されません。

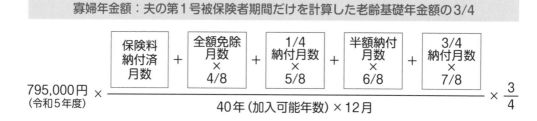

寡婦年金額：夫の第1号被保険者期間だけを計算した老齢基礎年金額の3/4

$$795{,}000円（令和5年度） \times \frac{保険料納付済月数 + 全額免除月数 \times \frac{4}{8} + \frac{1}{4}納付月数 \times \frac{5}{8} + 半額納付月数 \times \frac{6}{8} + \frac{3}{4}納付月数 \times \frac{7}{8}}{40年（加入可能年数） \times 12月} \times \frac{3}{4}$$

❷死亡一時金（国年法52の2）

　死亡一時金は、死亡日の前日において国民年金第1号被保険者（自営業者、学生等）として保険料を納めた月数が（3/4納付月数は3/4月、半額納付月数は1/2月、1/4納付月数は1/4月として計算）36月以上ある人が老齢基礎年金・障害基礎年金を受給しないまま死亡したとき、その人によって生計を同じくしていた遺族（1・配偶者、2・子、3・父母、4・孫、5・祖父母、6・兄弟姉妹の中で優先順位の高い人）に支給されます。

死亡一時金の支給額	
保険料納付月数	一時金の額
36月以上　180月未満	120,000円
180月以上　240月未満	145,000円
240月以上　300月未満	170,000円
300月以上　360月未満	220,000円
360月以上　420月未満	270,000円
420月以上	320,000円

　死亡一時金は、遺族が遺族基礎年金を受給できるときは支給されず、寡婦年金を受給できる

場合は、どちらか一方を選択します(国年法52⑥)。

　死亡一時金を受給する権利の時効は、死亡日の翌日から2年となっています。

　付加保険料を納めた月数が36月以上ある場合は、8,500円が加算されます。

未支給と死亡届

　年金受給権者が死亡したとき、死亡した日の属する月分までの年金が未支給分として、死亡者と生計同一の遺族(配偶者、子、父母、孫、祖父母、兄弟姉妹、その他3親等内の親族の順)が受給できます。

　未支給年金の手続きは、死亡者と請求者の身分関係が確認できる戸籍謄本または抄本が必要です。なお、日本年金機構にマイナンバーが収録されていて、行政間で情報を取得できる人は、原則住民票や住民票の除票の添付が省略可能となっています。別居の場合は、第三者の証明を受けた「生計同一関係に関する申立書」が必要です。

労働者災害補償保険制度とは

　労働者災害補償保険(以下、労災保険)とは、業務上の事由または通勤途中の事故によって負傷、疾病、高度障害、死亡等の被害を負った労働者本人やその遺族の生活を守るための公的保険制度です。労働者を1人でも雇用している事業者は、労災保険の加入が義務付けられており、保険料は100%事業者が負担します。

　労災保険の対象は、雇用形態や勤務日数・時間に関わらず、正社員、パート、アルバイト、日雇いなどすべての労働者です。派遣社員の場合は、派遣元の事業所が加入します。

　労災保険が適用される労働災害は、業務に起因する「業務災害」と通勤時に起こる「通勤災害」の2種類があります。

1 業務災害とは

　業務時間内や業務を原因として発生したケガ、病気、障害、死亡など。業務遂行性(業務中に起きた事故であること)と業務起因性(業務が事故の原因となったか)の両方の条件を満たさなければなりません。

■ 業務災害が認められる例

- 作業中、準備中または後始末中の事故
- 作業を中断しているときの事故(トイレや飲水などのために一時的に業務から離れるとき)
- 休憩時間中に事務所設備の不具合等による事故
- 出張中の事故　など

　また、就業先が複数ある人(複数事業労働者)に対して、全就業先の負荷を総合的に評価し労災の判定を行う「複数業務要因災害」が加わりました(2020年9月以降に発生した事故が対象)。業務上の負荷(労働時間やストレス)によって生じた脳・心臓疾患や精神疾患などについて、1つの就

業先のみの評価では業務災害と認められない場合に、複数の就業先の業務上の負荷を総合的に評価して労災認定できるか判断されます。

なお、複数事業労働者であっても、1つの就業先のみの業務上の負荷を評価するだけで労災認定の判断ができる場合は、これまでどおり「業務災害」として取り扱われます。

❷通勤災害とは

通勤中に起こったケガや病気、障害、死亡などで、次の条件を満たす必要があります。

■通勤中として認められる条件

- 業務に就くため(通勤)、または業務が終了したため(退勤)に行われる移動であること
- 住居と就業先、就業先と次の就業先、単身赴任先と帰省先との間の移動であること
- 合理的な経路(通常に利用する経路。住居と就業先との最短コースの他、交通事情のため迂回経路、子供を保育所等に預けるために取る経路も含む)および移動であること
- 中断(通勤と関係のない行為を行うこと)または逸脱(通勤と関係のない目的のために経路を逸れること)していないこと

通勤の中断・逸脱を行った場合、原則通勤とは認められませんが、日用品の購入、通院、介護など「日常生活上必要な行為」をやむを得ない事由により最小限の範囲で行う場合は、合理的な経路に戻った後の移動は再び通勤として取り扱われます。

❸労災保険の給付の種類と給付額

労災保険の給付は8種類あり、給付の種類や災害内容の程度によって給付額が決まります。

- 給付基礎日額:労働災害当日の直前3ヶ月間に支払われた賃金(賞与を除く)をその期間の暦日数で割った1日あたりの賃金額(2020年9月以降の事故は、就業先が複数ある場合はすべての就業先の賃金の合計をもとに算出)
- 算定基礎日額:労働災害当日以前1年間の賞与総額を365で割った額(上限150万)

なお、業務災害に対する給付は「補償給付」、通勤災害に対する給付は「給付」と異なる名称で給付が行われます。また、複数業務要因災害に対する給付は「複数事業労働者〇〇給付」という名称で区別されています。死亡による主な給付に次のものがあります。

❹遺族補償給付、遺族給付、複数事業労働者遺族給付

労働災害で労働者が死亡した場合、遺族に対して年金または一時金が給付されます。労働者の死亡当時、労働者の収入によって生計を維持していた遺族(妻以外の遺族は年齢制限があります。また一定の障害の状態に該当する人)が対象となります。

遺族(補償)年金としては、遺族の人数などに応じ、給付基礎日額の153日～245日分、遺族特別年金として算定基礎日額の153日～245日分、遺族特別支給金として遺族の人数にかかわらず一律300万円が支給されます。

年金とならない遺族には、遺族補償一時金として、給付基礎日額1,000日分(既に支給額がある場合は差し引いた額)、遺族特別一時金として算定基礎日額の1,000日分(既に支給額がある場合は差

し引いた額)、遺族の数にかかわらず一律300万円（受給権者がいない場合のみ）が支給されます。

⑤ 葬祭料、葬祭給付、複数事業労働者葬祭給付

労働災害で労働者が死亡した場合、葬祭を行う人に支給されます。

給付額：31.5万円＋給付基礎日額の30日分（その額が給付基礎日額の60日分に満たない場合は、給付基礎日額の60日分）

労災保険給付の一覧			
保険給付の種類	こういうときは	保険給付の内容	特別支給金の内容
遺族（補償）給付　遺族補償年金　遺族年金	業務災害または通勤災害により死亡したとき	遺族の数等に応じ、給付基礎日額の245日分から153日分の年金	（遺族特別支給金）遺族の数にかかわらず、一律300万円（遺族特別年金）遺族の数等に応じ、算定基礎日額の245日分から153日分の年金
遺族補償一時金　遺族一時金	(1)遺族（補償）年金を受け得る遺族がないとき (2)遺族補償年金を受けている人が失権し、かつ、他に遺族（補償）年金を受け得る人がない場合であって、すでに支給された年金の合計額が給付基礎日額の1000日分に満たないとき	給付基礎日額の1000日分の一時金（ただし、(2)の場合は、すでに支給した年金の合計額を差し引いた額）	（遺族特別支給金）遺族の数にかかわらず、一律300万円（遺族特別一時金）算定基礎日額の1000日分の一時金（ただし、(2)の場合は、すでに支給した特別年金の合計額を差し引いた額）
葬祭料　葬祭給付	業務災害または通勤災害により死亡した人の葬祭を行うとき	315,000円に給付基礎日額の30日分を加えた額（その額が給付基礎日額の60日分に満たない場合は、給付基礎日額の60日分）	―

労働保険給付の概要

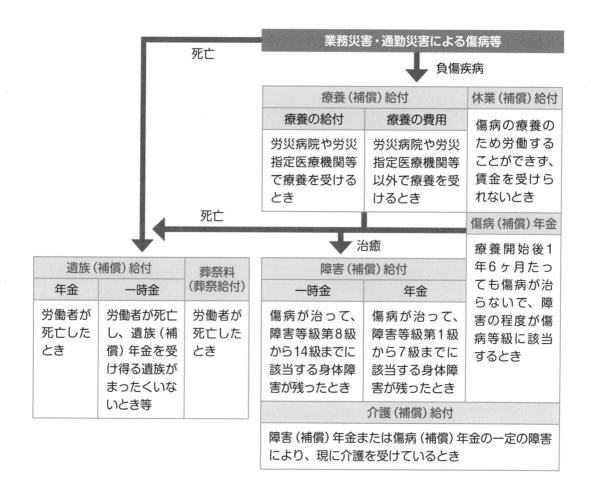

二次健康診断等給付	
二次健康診断	特定保健指導
定期健康診断等の結果、脳・心臓疾患に関連する一定の項目について異常の所見のあるとき	二次健康診断結果に基づき行われる医師または保健師による保健指導

出典：厚生労働省東京労働局のホームページ

遺族給付Q&A

老齢厚生年金受給者の死亡による遺族厚生年金と未支給

> 夫（70歳）：厚生年金加入期間40年、老齢厚生年金・基礎年金受給者。死亡当時、夫は施設入所していて妻とは別居。
> 妻（66歳）：国民年金期間は納付35年、免除0月。基礎年金のみ受給。
> 夫の年金から生活費を支出しており、施設への訪問、電話等していて、別居しているものの生計維持関係ありとの申し出。妻は非課税世帯のため、年金生活者支援給付金を受給中。遺族厚生年金は受給できますか？

遺族厚生年金の受給要件（厚年法58）

　遺族厚生年金は、加入期間が25年以上ある老齢厚生年金受給者が死亡したときに支給されます。加入期間には、保険料納付済期間、保険料免除期間および合算対象期間も合算した期間が25年以上あれば長期要件に該当します。

　対象遺族には、死亡した人に生計を維持されていた配偶者および子、父母、孫、祖父母の順での請求となります（子とは18歳になった年度の3月31日までにある子、または20歳未満で障害年金の障害等級1級または2級の状態にある子）。

　その配偶者が生計を維持されていたかどうかは、原則次の2つの要件を満たす場合をいいます。1つ目は「生計同一」で、原則同居していることですが、別居していても仕送り等の事実を確認して判断されます。2つ目は収入要件で、前年の収入が850万円未満であることまたは所得が655万5千円未満であることを満たす必要があります。

　相談者の場合、死亡した夫は、老齢厚生年金・老齢基礎年金受給者で、厚生年金の加入期間が40年あり、遺族厚生年金の長期要件（25年の期間）を満たしています。

　次に、対象遺族年金の要件では、妻が死亡した夫に生計維持されていたかが問われます。つまり、「生計同一要件」と「収入要件」の両方を満たす必要があり、「収入要件」では、前年の収入が850万円未満であることまたは所得が655万5千円未満であることが必要です。妻は、年金生活者支援給付金を受給中とあるので、収入要件は満たしていると推測できます（実際は、前年度の課税・非課税証明書等収入の分かる証明等により審査されます）。

　また、「生計同一要件」とは、同一世帯（住民票上同居）であれば満たせますが、夫が施設に入所していたため、死亡日において住民票が別世帯となっています。この場合、別居していても夫の年金から妻の生活費を支出していること、夫の施設へ電話や訪問等をしている事実関係を

申立てて、生計同一の認定の審査を受けることになります。具体的には所定の「生計同一関係に関する申立書」という申請用紙に経済的援助の状況や音信・訪問等の内容を記入し、民法上の三親等内の親族以外の第三者の証明を受けて提出します。

なお、証明者が法人（会社、病院、施設等）・個人商店として証明する場合は、所在地・名称および証明者の役職名と氏名を記入します。また、令和2年12月25日から証明者の押印が省略となり、代わりに電話番号を記入することになっています。

遺族年金と未支給請求書を同時に手続きする際には、添付する「戸籍謄本」や「生計同一関係に関する申立書」は1部で共有できます。これら添付書類は、死亡診断書や通帳のコピーと記載されているもの以外は原本を添付します。

ただし、戸籍謄本、住民票等（年金請求等に用いることを目的として交付されたもの以外）の原本については、原本を提示したうえで返却の申出をすれば返却可能ですが、「生計同一の申立書（第三者証明等）」の原本は返却されません。

また、個人番号（マイナンバー）で届出をすれば、マイナンバーによる行政機関間の情報連携の仕組みを活用し、住民票（平成29年4月1日以降）や所得証明（平成29年度以降かつ請求前5年以内）等の書類の添付を省略できる場合がありますが、確認できない場合は書類の提出が求められます。

遺族厚生年金の支給は死亡した日の属する月の翌月分からとなり、死亡者の老齢厚生年金の報酬比例部分の3/4に相当する額に経過的寡婦加算を合わせた額（この事例での年金額）が支給されます。妻は自分の老齢基礎年金と遺族厚生年金（非課税）を受給することになります。

また、夫の老齢年金は死亡した日の属する月分までが未支給として妻に支給され、この未支給分は妻の一時所得となります。

▌老齢（補足的老齢）年金生活者支援給付金の概要

年金生活者支援給付金とは、生活の支援を図ることを目的として、公的年金等の収入金額やその他の所得が一定基準額以下の人に年金に上乗せして支給されるもので、老齢（補足的老齢）の年金生活支援給付金の受給要件は下記のとおりです。

❶65歳以上で、老齢基礎年金を受給している

❷請求される人の世帯全員の市町村民税が非課税となっている

❸前年の年金収入額とその他の所得額の合計が881,200円以下（令和3年分の所得額等）である

令和5年度の給付額は5,140円です（昭和31年4月2日以後生まれの場合）。老齢基礎年金の場合、5,140円は基準額であり、実際の支給額は保険料納付済期間や保険料免除期間等に応じて算出されます。

なお、年金生活者支援給付金は非課税となります。

【国民年金の納付35年（420カ月）　全額免除月数が0カ月の場合】

（5,140円×420÷480月＝4,498円）＋（11,041円×0÷480月＝0円）＝4,498円（月額）

※それぞれの計算結果に50銭未満の端数が生じたときは切り捨てて、50銭以上1円未満の端数が生じたときは1円に切り上げて計算されます。

65歳以上の厚生年金加入者の死亡

> **夫 (68歳):** 国民年金納付5年間、その他の期間は未納。55歳から厚生年金加入 (13年間)
> し、現在も加入中。平成29年8月からの老齢年金受給資格期間の短縮により老齢
> 年金受給中。
>
> **妻 (66歳):** 国民年金納付と厚生年金加入期間が30年。老齢年金受給中。
> -
> **◉妻は遺族厚生年金を受給できますか？**

　長期要件 (25年の期間) および短期要件 (加入中の死亡) の納付要件ともに満たせないため、遺族年金を受給できないケースです。

　老齢年金の受給資格は、保険料の納付済み期間と免除期間と合算対象期間等を合わせて原則25年の期間が必要でしたが、平成29年8月1日から、老齢基礎年金の受給資格期間が25年から10年に短縮されて老齢厚生年金を受給できるようになりました。しかし、遺族年金を受給するための被保険者の受給資格期間については改正が適用されず、25年以上のままとなっています。

　老齢厚生年金の受給者の死亡であっても、25年の資格期間の有無の確認が必要です。

　一方、短期要件に「厚生年金の被保険者である間に死亡したとき」とありますが、その場合は保険料納付要件を満たさなければなりません。

　遺族厚生年金の保険料納付要件は死亡日の前日において次のいずれかを満たすことが必要です。

❶ 死亡日が属する月の前々月までの被保険者期間に、国民年金の保険料納付済期間および免除期間、厚生年金の被保険者期間、共済組合の組合期間の合計が2/3以上あること

❷ 死亡日が令和8年3月31日以前の場合、死亡者が65歳未満であれば、死亡日の前日において死亡日の属する月の前々月までの直近1年間に保険料の未納期間がないこと (特例)

　65歳以上の場合、直近1年に未納がないという特例納付要件は使えません。原則の**❶**「納付か免除の期間が全期間の2/3以上あること」という要件を満たせなければ遺族年金の受給権は発生しません。

　相談者の事例は、厚生年金の加入期間と国民年金の納付が計10年以上であるため、平成29年8月の改正により、老齢年金を受給していましたが、遺族年金の長期要件 (25年の加入期間) および短期要件 (加入中の死亡) の納付要件を満たせないため妻は遺族厚生年金を受給できません。

長期要件の25年を満たすためには、本人が死亡しているためかなり困難ですが、加入記録や合算対象期間のもれがないか、また、国民年金の未納の期間で生活保護を受けていた期間（生活保護を受給していた期間は国民年金の法定免除期間）などを探します。

▌ 合算対象期間

　合算対象期間とは、年金額には反映しませんが、受給資格期間に合算できる期間です。なお、※は20歳以上60歳未満の期間に限ります。

［ 昭和61年4月1日以降の期間 ］

1 日本人であって海外に居住していた期間のうち国民年金に任意加入しなかった期間※

2 平成3年3月までの学生（夜間制、通信制を除き、年金法上に規定された各種学校を含む）であって国民年金に任意加入しなかった期間※

3 第2号被保険者としての被保険者期間のうち20歳未満の期間または60歳以上の期間

4 国民年金に任意加入したが保険料が未納となっている期間※

5 昭和36年5月1日以降に日本国籍を取得した人または永住許可を受けた人の、海外在住期間のうち、取得または許可前の期間※

［ 昭和36年4月1日から昭和61年3月31日までの期間 ］

1 厚生年金保険、船員保険および共済組合の加入者の配偶者で国民年金に任意加入しなかった期間※

2 被用者年金制度等から支給される老齢（退職）年金受給権者とその配偶者、老齢（退職）年金の受給資格期間を満たした人とその配偶者、障害年金受給権者とその配偶者、遺族年金受給権者で国民年金に任意加入しなかった期間※

3 学生（夜間制、通信制、各種学校を除く）であって国民年金に任意加入しなかった期間※

4 昭和36年4月以降の国会議員またはその配偶者であった期間（昭和55年4月以降は国民年金に任意加入しなかった期間）※

5 昭和37年12月以降の地方議員またはその配偶者であった期間で、国民年金に任意加入しなかった期間※

6 昭和36年5月1日以降に日本国籍を取得した人または永住許可を受けた人の、外国籍であるために国民年金の加入が除外されていた昭和56年12月までの在日期間※

7 昭和36年5月1日以降に日本国籍を取得した人または永住許可を受けた人の、海外在住期間のうち、取得または許可前の期間※

8 日本人であって海外に居住していた期間※

9 厚生年金保険・船員保険の脱退手当金を受給した期間（昭和61年4月から65歳に達する日の前月までの間に保険料納付済期間〔免除期間を含む〕がある人に限ります）

10 国民年金の任意脱退の承認を受けて、国民年金の被保険者にならなかった期間※

11 厚生年金保険、船員保険の被保険者および共済組合の組合員期間のうち、20歳未満の期間または60歳以上の期間

12 国民年金に任意加入したが保険料が未納となっている期間※

昭和36年3月31日以前の期間

❶厚生年金保険・船員保険の被保険者期間（昭和36年4月以降に公的年金加入期間がある場合に限ります）

❷共済組合の組合員期間（昭和36年4月以降に引き続いている場合に限ります）

障害年金受給者の遺族厚生年金との併給（65歳以上の場合）

夫：老齢厚生（40年加入）・老齢基礎年金の受給者。

妻（66歳）：老齢厚生・老齢基礎年金と障害厚生・障害基礎年金（2級）の受給権あり。障害厚生・障害基礎年金を選択受給中。

◎夫が死亡して遺族厚生年金の受給権が発生したとき、妻の年金はどうなりますか？

A

65歳以上の場合は、老齢・遺族・障害それぞれの年金額や税金（障害と遺族は非課税）、年金生活者支援給付金の給付額（基礎年金の種類によって金額が異なるため）等を考慮して受給する年金を選択できます。

子はなし　振替加算ありの例　　　支給有＝□　　　支給無＝□

1〜**3**は老齢厚生年金額が高いか、遺族厚生年金の要件不該当（生計維持が認められない）による理由で遺族厚生年金が受給できない例です。

▌併給の調整

1 障害基礎年金＋障害厚生年金

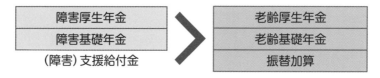

2 障害基礎年金＋老齢厚生年金

障害基礎年金と老齢厚生年金の受給例です。

3 老齢基礎年金＋老齢厚生年金

老齢の金額の方が高いので老齢を選択した例です。支援給付金は老齢基礎の基準で計算されます。

本文 29 頁の記載で誤りがありました。謹んでお詫び申し上げますとともに、下記のように訂正させていただきます。

誤

④障害基礎年金＋老齢厚生年金＋遺族厚生年金差額分

障害基礎年金と老齢基礎年金を比べ障害基礎年金を選択し、その上乗せに老齢厚生年金と調整された遺族厚生年金の受給となる例です。障害基礎年金受給の基準で支援給付金も受給できます。

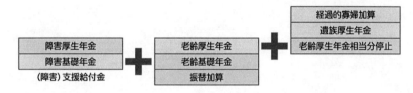

正

背景の色が「停止」を表すグレーとなります

下線部の追加

④障害基礎年金＋老齢厚生年金＋遺族厚生年金差額分

障害基礎年金と老齢基礎年金を比べ障害基礎年金を選択し、その上乗せに老齢厚生年金と調整された遺族厚生年金の受給となる例です。障害基礎年金受給の基準で支援給付金も受給できます。障害基礎年金を受給したときは、経過的寡婦加算は停止となります。

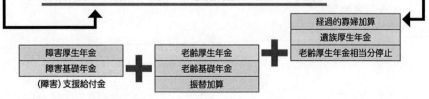

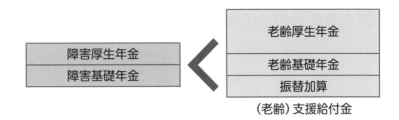

（老齢）支援給付金

❹～❺は老齢・遺族・障害の3つとも支給がある場合の組み合わせの例です。

❹障害基礎年金＋老齢厚生年金＋遺族厚生年金差額分

　障害基礎年金と老齢基礎年金を比べ障害基礎年金を選択し、その上乗せに老齢厚生年金と調整された遺族厚生年金の受給となる例です。障害基礎年金受給の基準で支援給付金も受給できます。

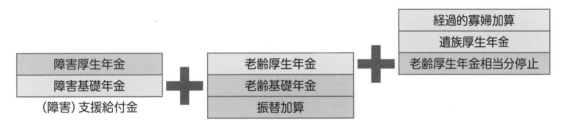

（障害）支援給付金

❺老齢基礎年金＋老齢厚生年金＋遺族厚生年金差額分

　振替加算を受給できるため、障害基礎年金より高い老齢基礎年金を全額受給し、調整された遺族厚生年金が受給できます。支援給付金は老齢基礎の基準で審査されます。

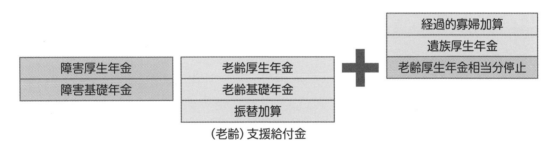

（老齢）支援給付金

　相談者の場合、現在は❶の例で受給していますが、遺族厚生年金の受給権が発生すれば、❹か❺のいずれかの受給方法となります。遺族年金の請求時に年金事務所で見込み額を算出してもらい、選択届を提出します。老齢年金は課税対象ですが、障害年金、遺族年金は非課税で、税金や介護保険料額にも影響がでます。

　また、選択する基礎年金で年金生活者支援給付金の金額も変わります。どちらも要件を満たす必要がありますが、老齢年金支援給付金額は納付や免除の月数で計算され、障害年金支援給付金額は障害等級により決まります。

障害年金生活者支援給付金の概要（令和5年度額）

1 障害基礎年金を受給している（旧法の障害年金、旧共済の障害年金であって、政令で定める年金についても対象）。

2 前年の所得額が「4,721,000円＋扶養親族の数×38万円」以下である（遺族年金等の非課税収入は、年金生活者支援給付金の判定に用いる所得には含まれません。同一生計配偶者のうち70歳以上の者または老人扶養親族の場合は48万円、特定扶養親族または16歳以上19歳未満の扶養親族の場合は63万円となります）。

年金生活者支援給付金額は、障害等級により次のとおりです。

- 障害等級が1級の人：6,425円（月額）
- 障害等級が2級の人：5,140円（月額）

なお、年金生活者支援給付金は非課税です。

遺族年金生活者支援給付金の概要（令和5年度額）

1 遺族基礎年金を受給している

2 前年の所得額が「4,721,000円＋扶養親族の数×38万円」以下である（遺族年金等の非課税収入は、年金生活者支援給付金の判定に用いる所得には含まれません。同一生計配偶者のうち70歳以上の者または老人扶養親族の場合は48万円、特定扶養親族または16歳以上19歳未満の扶養親族の場合は63万円となります）。

年金生活者支援給付金額は、5,140円（月額）です。

ただし、2人以上の子が遺族基礎年金を受給している場合は、5140円を子の数で割った金額が支払われます。

繰下げ待機中に遺族年金が発生したとき

夫（80歳）：老齢年金受給者。厚生年金加入期間450月。退職していて、収入は年金のみ。
妻（67歳）：65歳以降も厚生年金に加入中。老齢厚生年金は繰下げ待機中で、老齢基礎年金のみ受給。

Q夫が死亡しましたが、老齢年金と遺族年金はどうなりますか？

　老齢厚生年金と老齢基礎年金を65歳で受け取らず別々に66歳以降75歳まで（昭和27年4月1日以前生まれは70歳まで）の間で繰下げて増額した年金を受け取ることができます。

　66歳に達した日以降の繰下げ待機中に他の公的年金の受給権（配偶者が死亡して遺族年金が発生したときなど）を得たときは、その時点で繰下げ増額率が固定され、老齢年金の請求の手続きを遅らせても増額率は増えません。このとき増額された年金は他の年金が発生した月の翌月分から受給できます。

　その際、この配偶者死亡時点で繰下げ請求により増額された老齢年金を受給するか、過去分の老齢年金を一括して受給するか、いずれかを選択できます。ただ、繰下げにより増額した老齢厚生年金を受給すると、遺族厚生年金からその増額された老齢厚生年金が支給停止となります。老齢基礎年金と老齢厚生年金で受給開始時期を変えることもできるので、老齢厚生年金は繰下げせず、老齢基礎年金のみ繰下げて受給することもできます。

　過去の分の年金を一括受給することによりそれぞれの年の所得が増え、過去に遡って介護保険等の保険料、税金、受給した年金生活者支援給付金に影響が出る場合があります。

　厚生年金に加入中の場合、今後も退職時改定か65歳以上の在職時の改定（令和4年4月施行）で老齢厚生年金の年金額が変わることが見込まれます。老齢厚生年金の年金額が変わることに伴い、遺族年金の年金額の計算方法「遺族厚生年金2/3の額と自身の老齢厚生（退職共済）年金の額の1/2の額を合算した額」が変わることもあります。

　また、死亡者の夫の厚生年金の被保険者期間が20年以上あれば、遺族厚生年金に経過的寡婦加算が加算されます（昭和31年4月2日以降生まれの人には、経過的寡婦加算は支給されません）。もし自分の老齢厚生年金額が高くなれば、遺族年金は支給されなくなります。

　相談者の場合、繰下げ待機中に遺族年金の受給権が発生したので、発生した67歳までの繰下げ請求とするか65歳に遡及して受給するか選択となります。繰下げ請求を選択し増額した老齢厚生年金を受給すると、遺族年金よりその増額した老齢厚生年金が停止されます。さらに自分の老齢厚生年金額が高くなれば遺族年金は受給できません。老齢厚生年金額と遺族厚生年

金額を比較して、老齢年金の受給方法を選択します。

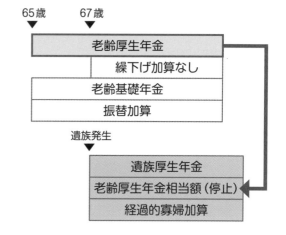

■67歳で繰下げ請求した場合

65歳　　67歳

| 老齢厚生年金 |
| 繰下げ加算 |
| 老齢基礎年金 |
| 振替加算 |

遺族発生

| 遺族厚生年金 |
| （繰下げ加算を含む）
老齢厚生年金相当額（停止） |
| 経過的寡婦加算 |

■65歳に遡及した場合

65歳　　67歳

| 老齢厚生年金 |
| 繰下げ加算なし |
| 老齢基礎年金 |
| 振替加算 |

遺族発生

| 遺族厚生年金 |
| 老齢厚生年金相当額（停止） |
| 経過的寡婦加算 |

遺族年金受給者（夫死亡の妻）の65歳以降の受給方法

> **64歳女性**：遺族厚生年金（中高齢寡婦加算あり）と特別支給の老齢厚生年金の受給者。65歳前は遺族年金を選択して受給中。
> --
> ⓐ65歳以降、遺族厚生年金と自分の老齢厚生・基礎年金の受給はどうなりますか？

　65歳前は1人1年金が原則ですが、65歳以降は自分の老齢厚生・基礎年金が全額支給となり、遺族厚生年金（老齢厚生年金相当額が支給停止）と条件を満たせば経過的寡婦加算（昭和31年4月1日以前生まれの人）が受給できます。

遺族厚生年金の年金額

　原則、遺族厚生年金の年金額は、死亡者の老齢厚生年金の報酬比例部分の3/4の額となります。平成19年3月31日までは、原則、老齢か遺族かどちらかの選択制でした。平成16年の年金制度改正により、自分が納めた保険料を年金額に反映させるべく、65歳以上で遺族厚生年金と老齢厚生年金を受給する権利がある場合は、老齢厚生年金が全額支給となり、遺族厚生年金額のうち老齢厚生年金に相当する額が支給停止されます（平成19年4月1日施行）。このしくみを「先あて」といいます。

　具体的な遺族厚生年金の計算は（請求者が配偶者に限る）、

❶死亡者の老齢厚生年金の報酬比例部分の3/4の額

❷遺族厚生年金の2/3と請求者の老齢厚生年金の1/2

を比較していずれか高い方の額となります。請求者の老齢厚生年金額が高いときは**❷**の計算方法の方が高くなりますが、自分の老齢厚生年金額の方が高くなると、遺族厚生年金が全額支給停止されます。

　この調整において、65歳以上の厚生年金保険の被保険者で在職老齢年金の仕組みによる老齢厚生年金が支給停止されたとしても、遺族厚生年金の停止額は「停止されない老齢厚生年金額に相当する額」で調整されます。

　また、遺族厚生年金の受給権が発生した時点で老齢年金の繰下げはできません。

65歳以上の遺族厚生年金の受給権者が、自身の老齢厚生年金の受給権を有する場合

　平成19年3月31日までは、原則、どちらを受けるか選択することとなっていましたが、平成16年の年金制度改正により、平成19年4月1日からは、自分自身が納めた保険料を年金額に反映させるため、65歳以上で遺族厚生年金と老齢厚生年金を受ける権利がある人は、自分の老齢

厚生年金を全額受給し、遺族厚生年金は老齢厚生年金に相当する額が支給停止されます。

遺族厚生年金（※）

支給
支給停止 （老齢厚生年金に相当する額）

老齢厚生年金
老齢基礎年金

▍平成19年4月1日前に65歳以上である遺族厚生年金受給権者が自分の老齢厚生年金の受給権を有する場合の取扱い

　平成19年4月1日前に遺族厚生年金を受給する権利を有し、かつ、同日においてすでに65歳以上の人は、平成19年4月1日前と同様に、次の①から③のうち、いずれかの組合せを選択することになりました。ただし、③は、遺族厚生年金の受給権者が、死亡した人の配偶者である場合に限ります。

①

遺族厚生年金
老齢基礎年金

②

老齢厚生年金
老齢基礎年金

③

遺族厚生年金 2/3	老齢厚生年金 1/2
老齢基礎年金	

　相談者の場合、自身の老齢厚生年金、老齢基礎年金の金額と先あてのしくみにより、調整された遺族厚生年金を受給できます。

　なお、遺族年金の受給権発生後は老齢年金を繰下げることはできません。

65歳以降の遺族年金の「先あて」の仕組み

63歳女性：特別支給の老齢厚生年金の受給者だが、現在は遺族厚生年金を選択受給。

◉厚生年金に加入し自分の老齢厚生年金が増額すると、65歳以降、遺族厚生年金が受給できなくなりますか？

老齢厚生年金と遺族厚生年金の受給権がある65歳以降の人の老齢厚生年金額が増えれば、遺族厚生年金の支給額が減る仕組み(先あてといいます)となりますが、一概に受給できなくなるわけではありません。

例えば、遺族厚生年金と中高齢寡婦加算を受給している妻で、厚生年金加入期間が10年あるとします。自分の特別支給の老齢厚生年金は64歳から受給できるとしても、65歳前は1人1年金の原則により、金額の多い遺族厚生年金を選択するとします。65歳になると中高齢寡婦加算がなくなり、S31.4.2生まれ以降の人は、経過的寡婦加算も受給できず、遺族厚生年金の受給額はかなり減ってしまいます。しかし、65歳以降は、自身の老齢厚生年金と老齢基礎年金が全額支給されるようになり、遺族厚生年金から老齢厚生年金相当額が停止される支給の仕組みです。遺族厚生年金額が多ければその差額が受給できますが、老齢厚生年金額が多くなると遺族厚生年金は受給できません。

相談者の場合、厚生年金に加入して老齢厚生年金の金額の方が高くなると、遺族厚生年金が受給できなくなる場合もあります。

■65歳前　1人1年金選択

| 特別支給の老齢厚生年金 | | 遺族厚生年金 |
| | | 中高齢の寡婦加算 |

■65歳以降

遺族厚生年金受給者が65歳以上の死亡者の配偶者である場合、次の2つの計算方法で高い方が遺族年金の額となります。

■死亡者の報酬比例の3/4で計算される遺族厚生年金の場合

遺族厚生年金	
A 老齢厚生年金相当額	← 支給停止

A 老齢厚生年金
老齢基礎年金

　遺族厚生年金額の範囲内において、老齢厚生年金額との調整され、老齢厚生年金額（A）が増えれば、その分遺族厚生年金額の支給停止分が増え遺族厚生年金の支給額が減額されます。

　もちろん、遺族は非課税で老齢は雑所得という違いもありますが、遺族厚生年金額と老齢厚生年金額との割合は変わっても、遺族厚生年金の金額の範囲内で調整されます。

■遺族厚生年金の計算で、遺族厚生年金の2/3と請求者の老齢厚生年金の1/2で計算される遺族厚生年金の場合

遺族厚生年金 2/3	a 老齢厚生年金 1/2	
A 老齢厚生年金相当額		← 支給停止

A 老齢厚生年金
老齢基礎年金

　遺族厚生年金の計算で、遺族厚生年金の2/3と請求者の老齢厚生年金の1/2の場合、老齢厚生年金に加入することで、老齢厚生年金（A）の年金額と老齢厚生年金（a）の年金額1/2がそれぞれ増えます。

　そのため、退職等で老齢厚生年金額が増額改定されれば、遺族年金額も増額改定される場合がありますが、支給停止額も増えるので、遺族年金の支給額は減ってしまうか、遺族厚生年金自体支給されなくなるということもありえます。

　相談者は、厚生年金に加入し自分の厚生年金額が増えた場合ですが、65歳以降「先あて」といい老齢厚生年金額が増えれば遺族厚生年金の支給停止額も増える仕組みなので厚生年金に加入したくないケースになりがちです。ただし、一概に遺族厚生年金が受給できないともいえません。さらに、厚生年金加入の基準（労働日数・時間数等の条件）を満たしていれば当然、受給者だからという社会保険加入の適用除外はなく、加入しなければなりません。相談者のようなケースでは、老齢、遺族それぞれの年金額により個別対応になりますから、年金事務所等に相談し、見込み額を算出してもらうのがよいでしょう。

子のない30歳未満の妻

夫（30歳）：24歳から同一の会社に継続勤務。厚生年金加入中に死亡。
妻（24歳）：子供なし。

Q子のない30歳未満の妻に遺族年金は支給されないのですか？

　平成16年年金制度改正（国民年金法等の一部を改正する法律）による平成19年4月に施行された遺族年金の見直しにより、若年層の雇用条件の格差の縮小の動向を踏まえ、30歳未満の子のない妻の遺族厚生年金の受給期間が、5年間（有期）に短縮されました。

　相談者の場合、24歳で夫が死亡し、子がいなければ、5年後の29歳で遺族厚生年金の受給が終了します。ただし、夫の死亡時に妊娠していて、その子が生まれたら、出生時から遺族基礎年金を受給できるようになり、5年で打ち切られることはありません。

　もし、子が生まれれば、その子が18歳到達年度末まで（または20歳未満で障害年金の障害等級1級または2級の状態にあるとき）遺族基礎年金と遺族厚生年金を受給できます。遺族基礎年金は老齢基礎年金の満額と同額とそれに子の加算を加えた額となります。遺族厚生年金の額は、在職中の死亡で納付要件も満たしているので短期要件で計算され、厚生年金の被保険者期間が300月（25年）未満でも、報酬比例部分の計算において300月とみなして計算されます。さらに、遺族基礎年金受給者は所得要件を満たせば年金生活者支援給付金も受給できます。

　この子が18歳到達時には妻は42歳であり、遺族基礎年金は失権するものの、65歳まで遺族厚生年金に中高齢寡婦加算を加えた額を受給できるようになります（妻の生年月日が昭和31年4月1日以前）。

　しかし、妻が30歳未満のときに、その子が死亡または受給権者（妻）以外の養子になるなどして子がいなくなると、子がいなくなったときから5年間の有期給付となります。

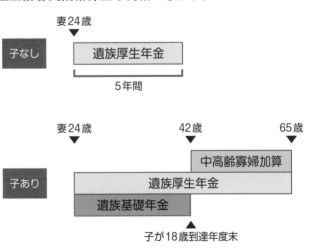

生計維持と生計同一の違い

⦿遺族年金・未支給の給付の条件に、「生計維持」または「生計同一」とありますが、具体的にどう違うのでしょう？

「生計維持」と「生計同一」は通知、「生計維持関係等の認定基準及び認定の取扱いについて」（P.109）に定められています。「生計維持」とは「生計同一」と「収入要件」の両方とも満たしていることです。

「生計同一」の具体例

認定基準では、次の3つの場合に分けて規定されています。

- 住民票上同一世帯の場合
- 住民票上の世帯は別だが住民票上の住所が同じ場合
- 住民票上の住所は異なるが、現に起居を共にし、家計も同一の場合（単身赴任や就学などで住所を別にしていても、仕送りなど経済的援助と定期的な訪問・音信が交わされている場合をいいます）

同居（住民票上同一世帯）が前提ですが、別居していても「生計同一」の申立てにより、実態に基づいて保険者（日本年金機構等）が判断します。

「収入要件」具体例

収入要件を満たす者とは、「厚生労働大臣の定める金額以上の収入を将来にわたって有すると認められる者以外の者、その他これに準ずる者」をいいます。

具体的に、収入（所得）要件は、前年（前年分が確定していないときは前々年）の収入が850万円未満または所得が655.5万円未満であることです。なお、相続等による一時的な収入・所得は除外されます。もし、死亡時点で該当しなくても、近い将来（概ね5年）以内に収入が下がることが見込まれる場合も認められます。就業規則等（退職規定、再雇用後の報酬等がわかるもの）を添えて、保険者（日本年金機構等）の審査を受けます。

「生計維持」要件が必要な給付

- 遺族基礎年金……死亡した人に生計を維持されていた子のある配偶者、子
- 寡婦年金（妻）……死亡した人に生計を維持されていた配偶者（妻）
- 遺族厚生年金（死亡した人に生計を維持されていた配偶者、子、父母、孫、祖父母）

「生計同一」要件が必要な給付

- 未支給給付（配偶者、子、父母、孫、祖父母、兄弟姉妹、3親等内の親族）
- 死亡一時金（配偶者、子、父母、孫、祖父母または兄弟姉妹）

同居の子の死亡による父母の遺族年金について

> **同居の独身の子（43歳）**：死亡。障害年金の受給なし。国民年金の納付5年間、厚生年金
> の加入期間は20年。婚姻歴はなく、事実婚の配偶者や子もいない。
>
> **父（64歳）**：年収900万円。厚生年金に加入中。65歳で退職の予定。特別支給の老齢厚生
> 年金は全額停止。
>
> **母（64歳）**：専業主婦。特別支給の老齢厚生年金（年額20万円）を受給。子から家計へ毎
> 月負担しているのが家計簿で確認できる。
>
> --
>
> **Ⓠ父母は子の遺族厚生年金を受給できますか？**

　同居の父母が生計維持認定対象者であれば、遺族厚生年金を受給できます。

　遺族厚生年金を受給することができる遺族とは、厚年法59の規定により「被保険者又は被
保険者であった者の死亡の当時、死亡者と生計を同じくしていた者」、厚年令3の10の規定に
より「死亡の当時その者によって生計を維持していた者であって、厚生労働大臣の定める金額
以上の収入を将来にわたって有すると認められる者以外の者」とあります。

　相談者の場合、死亡者の父母は55歳以上で同居していて、父は収入が850万円を超えます
が、退職によって5年以内には850万円未満になる見込みが確認できます。母も年金収入だけ
で父母ともに収入要件を満たしています。

　子の死亡により父母が請求者となる場合、その遺族厚生年金額を同順位の遺族の人数で割っ
た年金額となるので、1人当たりの年金額は1/2ずつ（半額）となります。

　父母とも65歳前なので、自分の特別支給の老齢厚生年金額と遺族厚生年金額を比較して選
択となります。この事例では父は自分の老齢厚生年金額の方が多いと思われるので、子の遺族
厚生年金は受給できず、母だけが子の遺族厚生年金を受給できますが、父が在職や雇用保険と
の調整で特別支給の老齢厚生年金が全額停止のときなどは、遺族厚生年金を選択する方が有利
です。

　父母とも遺族年金の要件を満たしているので、遺族厚生年金の請求手続きをします。仮に、
父が遺族厚生年金を選択しないからといっても受給権があれば、母への遺族厚生年金額は1/2
となり、全額支給とはなりません。

　また、死亡者は国民年金の保険料を5年間納付していました。死亡した日の前日において、
死亡した日の属する月の前月までの国民年金の第1号被保険者期間で、36月以上の国民年金保
険料を納付していて、障害基礎年金を受給したこともないので、父母は国民年金の「死亡一時

金（120,000円）」を受給することができます。

　「死亡一時金」については、生計を維持されていなくても生計同一が認められれば受給可能です。また、同順位の人が2人以上いる場合、1人に対して行われた支給は全員に対して行われたとみなされるので、父母のどちらかが手続きします（国年法52の3③）。

　次に、別居の子の死亡による父母の遺族年金についてみていきます。

別居の独身の子（48歳）：死亡。障害年金の受給なし。婚姻歴はなく、事実婚の配偶者や子供もいない。

父（66歳）：会社社長。年収900万円（給与）。5年以内に年収下がる見込みなし。

母（61歳）：無職無収入で、夫の加給年金の対象者。母と子とは電話やメールで連絡を取りあい、母は年2回お小遣いをもらっていたが、それを証明する現金書留の封筒や通帳などはない。

- -

◎無収入の母は子の遺族厚生年金を受給できますか？

　別居の父母が遺族厚生年金を請求する場合の生計維持の認定は、「生計の基盤となる経済的援助」があったのかどうか総合的に判断されます。

　対象遺族が別居の父母で、収入要件で父親は不該当ですが、母親は850万円未満です。個別に考えて、母にだけ遺族年金が全額支給されるかが問題となってきます。

　生計維持関係の認定にあたっては、「生計維持関係等の認定基準及び認定の取扱いについて」（P.109）により、「住所が住民票上異なっていても生活費、療養費等について生活の基盤となる経済的な援助が行われていると認められるとき」とされています。

　一般的に考えれば、父母が同居して母は父の収入で生計を一にしています。また父の老齢年金の加給年金の対象者とあり、夫婦の所得基盤は一体と思われます。

　母からは「生計同一申立」に第三者証明を受けたものが添付されていますが、仕送りの事実は母の申立てのみで、証明する現金書留の封筒や通帳などはありません。また、死亡した子から母への年2回の「お小遣い」と称する仕送りがなくなったとしても、母の生活にさほど支障がないものと想像できます。

　相談者の場合、「生活の基盤となる経済的援助」については、死亡者から対象遺族への具体的な援助の内容（仕送り額の聴取等）から判断されますが、受給は難しいケースです。

厚生年金加入中の夫の死亡による妻と2人の子の遺族給付

夫（48歳）：厚生年金18年間加入（継続勤務）。他の加入記録はなし。

妻（47歳）：国民年金第3号被保険者で、所得はなし。

子：中学生と小学生の2人（障害なし）。

◎厚生年金加入中の夫が突然死亡しました。遺族年金の受給はできますか？

厚生年金加入中の死亡

　遺族厚生年金の支給要件で、加入中の死亡の場合は短期要件に該当します。短期要件とは次のいずれかに当てはまる場合です。

1 厚生年金に加入している人が加入中に死亡した場合

2 厚生年金の加入中に初診日のある病気やけがが原因で初診日から5年以内に死亡した場合

3 障害等級1級または2級に該当する障害厚生年金の受給者が死亡した場合

1 と **2** については、保険料納付要件があります。

　長期要件とは、老齢厚生年金の受給者または受給資格期間を満たした人、いずれも加入資格期間が25年以上ある人が死亡した場合です。平成29年8月1日以降、老齢年金の受給資格期間が10年に短縮されましたが遺族年金は25年（合算対象期間を含む）が必要です。

　遺族厚生年金の年金額は、死亡者の老齢厚生年金の報酬比例部分の3/4の額となりますが、短期要件の場合、厚生年金の被保険者期間が300月（25年）未満の場合は300月とみなして計算されます。

　2人の子が18歳到達年度の末日（障害の状態にある場合は20歳に達した日）で遺族基礎年金は失権しますが、その後は妻が65歳まで中高齢寡婦加算が加算されます。昭和31年4月1日以前生まれの妻であれば、65歳以降、経過的寡婦加算を受給できます。

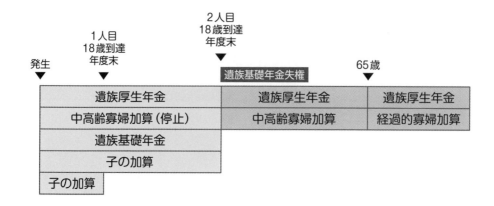

　相談者の場合、厚生年金の加入期間（受給資格期間）が25年以上ないため、長期要件には該当せず、短期要件（加入中の死亡）のみ該当します。また18年間厚生年金に継続加入しているということで、死亡日の前日において死亡日の属する月の前々月までの直近1年間に保険料に未納がないという保険料納付要件も満たしています。

　遺族年金の請求者は、死亡した人に生計を維持されていた妻と義務教育期間中の2人の子となります。子に対する遺族厚生年金は、妻が遺族基礎年金の受給権を有する期間支給停止されます。

　受給権発生時は、遺族厚生年金と遺族基礎年金（子の加算あり）が支給され、遺族基礎年金が支給される間、中高齢寡婦加算は停止されます。2人目の子が18歳到達年度末を迎えると遺族基礎年金が失権となり、遺族厚生年金と中高齢寡婦加算（65歳まで）が支給されます。

　ただし、昭和32年4月2日以降の生まれなので経過的寡婦加算はつきません。

在職中に初診日のある病気やけがが原因で
初診日から5年以内の死亡

夫（50歳）：厚生年金加入中に「肝炎」の初診あり。病気療養のため退職。初診日から5年以内に「肝硬変」で死亡。

妻（45歳）：生計維持あり。子なし。

- -

◉夫は死亡時、妻の扶養に入っていましたが、遺族年金は受給できるのでしょうか？

初診日の傷病と直接死因の傷病との因果関係の認定

　厚生年金の被保険者期間中に初診日がある傷病により、初診日から5年以内に死亡したときは、短期要件による遺族厚生年金が発生します（厚年法58①2号）。この場合、死亡診断書の直接死因の傷病が、被保険者期間中に初診日がある傷病と一致もしくは因果関係にあることが必要です。

　初診日と傷病名の確認のため原則「死亡診断書（写）」と「受診状況等証明書（初診日の確認）」を添付し審査を受けます。その際、初診日の傷病名と直接死因の傷病が相違することもありますが、2つの傷病が相当因果関係にあると認められれば、同一傷病による死亡とみなされ、遺族厚生年金（短期要件）に該当します。

　相談者の場合、肝炎から肝硬変へ進行したと相当因果関係が認められれば、短期要件の遺族厚生年金を受給できます。また、長期要件（25年以上加入期間）にも該当するときは基本短期要件が優先されますが、いずれか有利な方の選択となります。

障害厚生年金の受給者（障害等級１級・２級に該当）の死亡

夫（61歳）：障害厚生年金受給者（１級　脳出血後遺症）の死亡。
妻（61歳）：アルバイト収入180万円のみ。生計維持あり。子なし。

◉夫が肺炎で死亡しましたが、遺族厚生年金は受給できるでしょうか？

障害厚生年金受給者の死亡

　１・２級の障害厚生年金（旧厚生年金保険法の障害年金）受給者が死亡した場合、短期要件による遺族厚生年金が発生します（厚年法58①3号）。この場合、死亡原因にかかわらず、遺族厚生年金が受給できます。

　３級の障害厚生年金（旧厚生年金保険法の障害年金）受給者が死亡した場合、直接死因の傷病と障害厚生年金の傷病とが相当因果関係にあり、１級または２級の障害の程度にあったとみなされれば、短期要件による遺族厚生年金が発生します（Q13参照）。

　この遺族厚生年金を受給できる遺族は、配偶者、子、父母、孫、祖父母です。妻は年齢に関係なく遺族となりますが、子や孫は18歳に到達した日以後の最初の３月31日を過ぎていないか、20歳未満で１級または２級の障害の程度であること、および夫、父母、祖父母は55歳以上であること等年齢制限が設けられています。

　相談者（妻）の場合、生計維持関係を満たしているとあり、死亡原因が障害年金の傷病と異なっても「１級の障害厚生年金受給者の死亡」の短期要件にあたります。

　夫の加入期間が25年以上（合算対象期間を含む）あれば、長期要件も満たします。原則、短期要件が優先しますが、年金事務所などで見込み額等を試算してもらい、長期、短期要件のいずれかの計算方法を希望できます。

　また、遺族厚生年金の請求手続きをする際、夫の障害厚生年金の未支給・死亡届も同時に提出し、夫の死亡月まで障害厚生年金が支払われ（未支給）、死亡月の翌月分から妻に遺族厚生年金が支給されます。

参照：障害厚生年金１、２級の受給権者の死亡により遺族厚生年金が支給されるが、遺族基礎年金の支給要件を満たさない場合の遺族厚生年金への加算額について（P.126）
参照：短期要件による遺族厚生年金について（P.126）

障害年金請求中に死亡した場合

　障害年金の請求をして結果が出る前に請求者本人が死亡した場合、その請求が認められれば遺族に、受給権が発生した翌月分から死亡した月の分までの障害年金が未支給年金として支払われます。

　なお、障害年金の請求方法には認定日請求と事後重症請求（障害認定日には症状が障害等級に該当する程度でなかったため現在の症状で請求する）があります。

　認定日請求では、障害認定日の翌月から死亡月まで未支給となります。事後重症請求は請求書受付日が受給権発生となるので、受付日の翌月から死亡月までが未支給年金となります。もし、請求した月に死亡した場合、未支給年金は発生しません。

請求者死亡後に遺族が死亡者の障害年金を請求をする場合

　死亡者の加入期間や納付要件等が長期要件・短期要件のどちらにも該当しないとき、遺族が遺族年金の受給を目的として障害厚生年金の請求を行うことができます。この場合、本人死亡のため事後重症請求はできず、認定日請求で1級・2級の障害状態に該当すれば、障害厚生年金受給者の死亡という短期要件に該当するので、遺族厚生年金が受給できるからです。

　このように、遺族が障害厚生年金の認定日請求をすることがありますが、本人が死亡しているので、認定日の診断書を提出できるかどうか、また診断書がとれたとしても1級・2級の障害状態に該当するかどうかなど、非常に困難を極めます。しかし、認定されれば、遺族厚生年金と障害厚生年金の未支給分を受給できます。

3級の障害厚生年金受給者の死亡

夫（40歳）：障害厚生年金3級受給中。認定傷病はがんで、初診日から8年経過している。
　　　　　死亡時の納付要件不該当。加入期間が国民年金・厚生年金合わせて15年。
妻（35歳）：子なし。生計維持あり。

⒬夫はがんで会社を退職し、その後加入した国民年金は未納のままでした。結局、がんが
　全身に転移して死亡しました。妻は遺族年金を受給できますか？

　死亡者に生計を維持されていた妻は遺族厚生年金の対象遺族ですが、遺族厚生年金の長期要
件では、保険料納付済期間、保険料免除期間および合算対象期間を合算した期間が25年以上
あることが必要です。

　一方、短期要件では、次の**1**から**3**のいずれかの要件を満たしている場合、遺族厚生年金が
支給されます。

1厚生年金保険の被保険者である間に死亡したとき

2厚生年金の被保険者期間に初診日がある病気やけがが原因で初診日から5年以内に死亡し
　たとき

31級・2級の障害厚生（共済）年金を受給している人が死亡したとき

1と**2**は納付要件があります。

　相談者の場合、加入期間と納付要件を満たせず、長期、短期要件とも不該当のため、遺族厚
生年金を受給できません。しかし、本来障害厚生年金3級の受給者の死亡は短期要件に該当し
ませんが、その3級に認定された傷病が悪化して死に至ったとして、1、2級の障害の状態と同
等とみなされれば遺族厚生年金の短期要件**3**によるので、納付要件も問われません。

　相談者の場合、死亡診断書に記載された直接死因の傷病名が3級の障害厚生年金の認定され
た傷病（がん）と同一および相当因果関係がある傷病で、悪化して死亡したと認められれば遺族
厚生年金（短期要件）が受給できます。もちろん、死亡原因が交通事故などの場合で、同一およ
び因果関係がない傷病であれば遺族厚生年金（短期要件）は認められません。

遺族年金受給の優先順位と支給停止

死亡者：元夫（父）。再婚しているが現在の妻との間には子はいない。
請求者：死亡した元夫（父）の子。小学生で父から毎月養育費の送金あり。子は先妻（母）
　　　　と同居している。先妻（母）とは離婚していて生計維持なし。
- -
Q 離婚や再婚等で遺族年金受給者が複数いる場合、どんな順番になるのでしょうか？

遺族年金受給者の優先順位と支給停止

　遺族厚生年金受給の優先順位は、①配偶者、②子、③父母、④孫、⑤祖父母の順になります（厚年法59）。子と孫は18歳になった年度の3月31日までにある子、孫または20歳未満で障害年金の障害等級1級または2級の状態にある子、孫をいいます。夫、父母または祖父母は、死亡時55歳以上であり支給開始は60歳からとなります。ただし、夫が遺族基礎年金を受給できる場合に限って60歳より前でも遺族厚生年金を合わせて受給できます。

　遺族基礎年金の受給は、子のある配偶者と子になります。原則、遺族である父または母と子が生計を同じくしているとき 父または母に遺族厚生・遺族基礎年金が支給され、子への遺族年金は支給停止されます、支給停止の事由が消滅すれば再び支給されます。

　相談者の場合、死亡した夫（父）は再婚していて、先妻（母）との生計維持関係はないので先妻（母）に遺族年金の受給権はありません。小学生の子には毎月養育費の送金があるので生計維持関係が認められれば、先妻との子に遺族厚生・遺族基礎年金が支給されます。しかし、子は先妻（母）と同居しているので遺族基礎年金は支給停止となり遺族厚生年金のみが支給されます（国年法41②）。

　なお、再婚した現在の妻は子がいないので遺族基礎年金の受給権がありません。先妻の子が18歳になった年度の3月31日で遺族厚生・基礎年金の受給権を失権した後から遺族厚生年金の支給停止が解除されます（厚年法66②）。

国年法41②　子に対する遺族基礎年金は、（中略）又は生計を同じくするその子の父若しくは母があるときは、その間、その支給を停止する。

厚年法66②　配偶者に対する遺族厚生年金は、当該被保険者又は被保険者であつた者の死亡について、配偶者が国民年金法による遺族基礎年金の受給権を有しない場合であって子が当該遺族基礎年金の受給権を有するときは、その間、その支給を停止する。

事実婚の妻と連れ子の遺族年金

死亡者：夫（58歳）厚生年金に20年間加入、国民年金の保険料を15年間納付。障害年金の受給権なし。

事実婚の妻（45歳）：年収850万円未満。11年間同居。

中学生の子：養子縁組をしていない妻の連れ子も同居。

- -

⑩事実婚の妻と連れ子は遺族年金を受給できますか？

厚生年金保険法では、「遺族厚生年金を受けることができる遺族は、被保険者又は被保険者であつた者の配偶者、子、父母、孫又は祖父母（以下単に「配偶者」、「子」、「父母」、「孫」又は「祖父母」という。）であつて、被保険者又は被保険者であつた者の死亡の当時（失踪そうの宣告を受けた被保険者であつた者にあつては、行方不明となつた当時。以下この条において同じ。）その者によつて生計を維持したものとする」とされています（厚年法59）。

また配偶者には、「婚姻の届出をしていないが、事実上婚姻関係と同様の事情にある者を含むものとする」と定められています（厚年法3の2）。

具体的な認定方法は、「生計維持関係等の認定基準及び認定の取扱いについて」（P.109参照）により、事実婚関係について次の要件を満たす必要があります。

1 当事者間に、社会通念上、夫婦の共同生活と認められる事実関係を成立させようとする合意があること。

2 当事者間に、社会通念上、夫婦の共同生活と認められる事実関係が存在すること。

相談者の場合、事実婚の配偶者のため、遺族厚生年金を受給できます。死亡した夫の厚生年金加入期間が20年なので、中高齢寡婦加算も支給されます。一方で、養子縁組をしていない子については死亡者の子ではないので、死亡者と生計維持関係があったとしても遺族基礎年金の受給権は発生しません。

また、夫が国民年金の保険料を3年以上納付していれば死亡一時金を、10年以上の婚姻期間（事実婚）があれば寡婦年金の請求もできますが、死亡一時金と寡婦年金はどちらか一方の選択となります。なお、死亡一時金の時効は2年となります。

寡婦年金を選択した場合は60歳から65歳までの支給となります。

妻の給付	遺族厚生年金 （長期要件） 中高齢寡婦加算	寡婦年金
		OR
		死亡一時金

選択肢として、次の2つのパターンがあります。

1遺族厚生年金と死亡一時金

国民年金の「死亡一時金」と厚生年金保険の「遺族厚生年金」を受給する。

死亡一時金の請求の時効は2年です。

2遺族厚生年金と寡婦年金

寡婦年金は60歳から5年間の支給となり、その間、遺族厚生年金とはどちらか一方の選択となります。

第1号被保険者として国民年金の保険料の納付期間が15年間であれば5年間の総額で100万円を超えますが（795,000 × 180/480 × 3/4 ≒ 223,594〔令和5年度〕× 5年）、遺族厚生年金の金額が高い場合、寡婦年金を請求する必要はないと思われます。なお、死亡一時金は145,000円となります。

結果的には、この事例の事実婚（内縁）の妻は遺族厚生年金と死亡一時金を受給するのが有利と思いますが、遺族年金等の見込額は年金事務所で相談されるとよいでしょう。

事実婚の根拠

「遺族厚生年金を受けることができる遺族は、被保険者又は被保険者であった者の配偶者、子、父母、孫又は祖父母であって、被保険者又は被保険者であった者の死亡の当時その者によって生計を維持したものとする」（厚年法59）とされています。

また、「「配偶者」、「夫」および「妻」には、婚姻の届出をしていないが、事実上婚姻関係と同様の事情にある者を含むものとする」と定められています（厚年法3の2）。

事実婚関係の認定については「生計維持関係等の認定基準及び認定の取扱いについて」（P.109）により次の要件を満たす必要があります。

1当事者間に社会通念上夫婦の共同生活と認められる事実関係を成立させようとする合意があること。

2当事者間に社会通念上夫婦の共同生活と認められる事実関係が存在すること。

胎児が生まれたとき

夫：厚生年金加入中に死亡。短期要件を満たしている。国民年金も36月以上の納付あり。

妻（28歳）：夫の死亡時に妊娠中で、子供はいない。遺族厚生年金の受給者。夫の死後に第1子が誕生。

◎夫の死亡時妊娠中だった子（胎児）が生まれた時の給付はどうなりますか？

A

死亡当時、妊娠中であった胎児が生まれたときには、遺族の範囲である子とみなすことを規定していて、その生まれた日の属する月の翌月から、遺族基礎年金の額を改定するとしています。妊娠中の子供が生まれたら、遺族基礎年金の対象となります（国年法37の2②）。

相談者の妻は「遺族基礎・遺族厚生年金　額改定請求書」を提出すると同時に、第1子なので、生まれた子の「遺族年金請求書」を提出します。妻はその子が18歳に到達する年度末まで遺族基礎年金が受給でき、遺族基礎年金失権後は65歳まで中高齢寡婦加算が受給できるようになります。子のいない30歳未満の妻なら、遺族厚生年金は5年間有期給付（厚年法63①5号イ）ですが、胎児が生まれたときは翌月から遺族基礎年金が支給されます。

「死亡一時金」とは、死亡した夫に国民年金第1号被保険者の加入期間が36月以上あった場合に一時金が支給される制度です。夫が死亡した時点で、残された妻が妊娠中だった場合、子供が無事に生まれれば遺族基礎年金が受給できるので、死亡一時金を受給できません。しかし、流産や出産直後に子が死亡するなど、遺族基礎年金が受給できない場合もあります。そのときは死亡一時金が受給できます。死亡一時金の請求時効は2年です。

夫が死亡した時点で、子のいない30歳未満の妻が妊娠中だった場合の受給方法については注意が必要です。

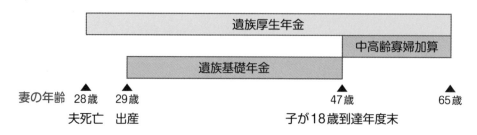

離婚後、別居している子への遺族年金

> 元妻（母）：離婚していて、生計維持なし。
> 元夫（父・43歳）：厚生年金加入中に死亡。死亡時は単身。遺族長期・短期要件とも満たしている。
> 子：小学生2人。母親（40歳）と同居。父とは定期的面会と養育費の振込みあり。
> --
> ◎2人の子は遺族年金を受給できますか？

　両親が離婚していても、死亡した父と子の生計維持関係が認められれば、子は遺族厚生年金を受給できますが、母親と同居しているため、遺族基礎年金は支給停止となります。

　相談者の場合、死亡者は遺族年金の長期・短期要件ともに満たしていますが、死亡当時、母親は離婚していて生計維持関係はありません。次に優先順位の高い生計維持関係のある遺族は、18歳到達年度末までの2人の子となり、遺族厚生年金と遺族基礎年金を受給することが可能です。ただし、遺族基礎年金は、母親と同居しているため支給停止となります。

　遺族年金の請求に際して、住民票上別居しているため、「生計同一の申立書」に必要書類を添えて請求し、生計維持が認められれば遺族厚生年金が受給できます。

　両親が離婚して母親に引き取られた2人の子が父と定期的に面会し養育費等を受け取っているので、生計維持関係の申立てに第三者による証明を受け、養育費の振込履歴がわかる通帳のコピー等を添付して申請します。認定基準に基づき、別居していても2人の子が父により生計を維持されていると認定されることが必要です。

　なお、受給者が2人の子となるので、遺族年金額は人数分の2で割って1/2ずつの支給となります。上の子が18歳到達年度末を迎えて遺族年金が失権となったときから下の子に全額支給されます（条件はすべて満たしているとして）。

■生計維持等関係の認定基準及び認定の取扱いについて（平成23年3月23日第1号）
　①生計維持認定対象者及び生計同一認定対象者が配偶者又は子である場合
　　ア　住民票上同一世帯に属しているとき
　　イ　住民票上世帯を異にしているが、住所が住民票上同一であるとき
　　ウ　住所が住民票上異なっているが、次のいずれかに該当するとき
　　　㋐　現に起居を共にし、かつ消費生活上の家計を一つにしていると認められるとき
　　　㋑　単身赴任、就学又は病気療養等の止むを得ない事情により住所が住民票上異なって

いるが、次のような事実が認められ、その事情が消滅したときは、起居を共にし、消費生活上の家計を一つにすると認められるとき

　　(ｱ)　生活費、療養費等の経済的な援助が行われていること
　　(ｲ)　定期的に音信、訪問が行われていること

　上記認定基準によれば、父と子は別居しているので、ウ(イ)に該当する必要があります。
　なお、令和2年9月4日の事務連絡（P.121 ～ P.123参照）で、生計同一関係証明書類等について、次のように整理されました。

生計同一関係証明書類等について

◎ **生計同一関係の認定が必要な方が配偶者（事実婚関係にある方を除く）または子である場合**

● 以下の㋐～㋗のいずれかの書類が生計同一関係証明書類となります。

● ㋐～㋗のいずれかの書類を提出した場合は、「生計同一関係に関する申立書」への第三者証明の記入は不要です。

ケース	生計同一関係証明書類
㋐ 健康保険等の被扶養者になっている場合	健康保険被保険者証等の写し (保険者番号及び記号・番号等を判別、復元できないようマスキング（黒塗り等）してください。)
㋑ 給与計算上、扶養手当等の対象になっている場合	給与簿または賃金台帳等の写し
㋒ 税法上の扶養親族になっている場合	源泉徴収票または課税台帳等の写し
㋓ 定期的に送金がある場合	預金通帳、振込明細書または現金書留封筒等の写し
㋔ 単身赴任による別居の場合	辞令の写し、出向命令の写し、単身赴任手当が分かる証明書の写しなど
㋕ 就学による別居の場合	学生証の写し、在学証明書など
㋖ 病気療養・介護による別居の場合	入院・入所証明、入院・入所に係る領収書等の写しなど
㋗ その他㋐～㋓に準ずる場合	その事実を証明する書類

参照：生計維持関係等の認定基準及び認定の取扱いについて（P.109）
参照：「生計同一の申立書」に添付する必要書類（P.121）
参照：遺族基礎年金受給権者と親権の無い父（母）との生計維持関係の認定について（P.127）
参照：養子縁組していた養父母（祖父母）が死亡したが、実父母と住民票上同居する場合の遺族基礎年金支給停止について（P.127）

妻（第3号被保険者）の死亡による遺族年金

死亡者：妻（50歳）。厚生年金に10年加入し退職。その後の国民年金20年間はすべて第
　　　　3号被保険者。

請求者：夫（56歳）と子（高校生）。生計維持関係あり（同居していて収入も850万円未満）。

----

⑳夫と子は、遺族年金を受給できますか？

　受給要件を満たしていれば、遺族基礎年金は「子のある配偶者」または「子」が受給できます。従来、配偶者は「妻」だけでしたが、法律改正により平成26年4月1日以降、「夫」も遺族基礎年金の受給が可能となりました。夫が受給する遺族基礎年金に子の加算がつき、夫にその全額が支給され、子に対する遺族基礎年金は夫が受給権を有するときにはその間、支給停止となります。また、遺族基礎年金を受給しているので、所得の基準を満たせば、「年金生活者支援給付金」も受給できます。

　一方、遺族厚生年金の対象遺族の妻には年齢制限がありませんが、夫の場合、配偶者の死亡時に55歳以上という要件を満たさなくては受給できません。死亡した妻が25年の受給資格期間（長期要件）を満たしていて、妻死亡時に夫が55歳以上で生計維持関係を満たしていれば受給が可能です。夫の場合、遺族厚生年金の支給開始は60歳からですが、子（18歳到達年度末まで、または20歳未満で障害等級1、2級の状態にある子）のある夫で、遺族基礎年金の受給権があるときは、（受給権発生〔55歳以上〕から60歳までの間）支給停止とならず、遺族厚生年金も受給できます（厚年法65但し書き）。夫の年齢が55歳未満であったら、遺族厚生年金の受給権はありません。夫は遺族基礎年金のみを受給し、子が遺族厚生年金を受給することになります。

　遺族厚生年金は、夫の年齢が55歳未満で子もいない場合、死亡者によって生計維持されていた次に優先順位の高い遺族、例えば生計維持関係にある55歳以上の父母等に請求する権利が移ります。遺族基礎年金を受給できる遺族がいない場合は、死亡した妻の第1号被保険者として納付済み期間（多段階免除期間があれば換算して計算）が36月以上あれば生計同一のある遺族が「死亡一時金」を請求できる場合もあります。すべての期間が第3号被保険者期間（納付なし）であると、「死亡一時金」の請求はできません。

　相談者の場合、子が18歳到達年度末（20歳未満で障害等級1、2級の状態にある場合は20歳）までの間、夫に遺族厚生年金と遺族基礎年金が支給されます。

Q19

父子家庭の遺族年金

死亡者：妻（50歳）。厚生年金加入期間3年。国民年金第1号被保険者で納付期間25年。
請求者：夫（52歳）国民年金第1号被保険者30年。年収は850万未満。
子：16歳。高校生。障害の状態はなし。

◉3人家族で同居、妻が死亡したましたが、夫と子は遺族年金を受給できますか？

　年金機能強化法の施行により、平成26年4月1日以降、遺族基礎年金の対象が「子または子のある妻」から「子または子のある配偶者」となりました。これにより、妻だけでなく夫も遺族基礎年金を受給できるようになりました。

　相談者の場合、夫は「妻と同居している」「年収が850万円未満である」「生計維持が認められる」「18歳到達年度末までの子がいる」などの要件を満たしていることから、遺族基礎年金は受給できますが、遺族厚生年金を受給する要件である55歳以上の夫ではないので、遺族厚生年金は受給できません。

　18歳到達年度末までの子は遺族基礎年金と遺族厚生年金の要件を満たしていますが、父と同居しているため、遺族基礎年金の支給は停止となり、遺族厚生年金のみ受給できます。結果、子の18歳到達年度末まで父は遺族基礎年金を、子は遺族厚生年金を受給できます。

　もし、夫の収入が850万円以上で遺族基礎年金・遺族厚生年金いずれの要件も満たせなければ、子だけに遺族基礎年金・遺族厚生年金が支給されます。そのときも、子が18歳到達年度末までの間、遺族厚生年金と遺族基礎年金を受給できますが、遺族基礎年金は父と同居のため、全額支給停止となります。

　原則、遺族基礎年金を受給することができる遺族がいるとき死亡一時金は支給されませんが、子が遺族基礎年金の受給者で、生計を同じくする父または母がいるため支給が停止される場合は、死亡一時金を受給できます（国年法52の2③）。

Q20

事実婚の夫婦の遺族年金

夫婦とも結婚の意思はあったが、籍を入れず30年以上生活を共にしていた。その他収入等遺族年金の受給要件は満たしている。

----

⑪事実婚であっても、遺族年金は受給できるのでしょうか？

事実婚とは婚姻届を提出していない状態で夫婦と同様の関係を有し共同生活を送ることで、「内縁関係」ということもあります。

事実婚でも、認定要件を満たせば遺族年金を受給できます。

法令上の規定

遺族厚生年金については、厚年法58①において、「遺族厚生年金は、被保険者又は被保険者であった者（以下「被保険者等」という）が死亡した場合等に、その者の遺族に支給する」と定められています。また、厚年法59①においては、「遺族厚生年金を受けることができる遺族は、被保険者等の配偶者等であって、被保険者等の死亡の当時、その者によって生計を維持したものとする」とあり、同条4項では、「同条1項の適用上、被保険者等によって生計を維持していたことの認定に関し必要な事項は、政令で定める」と定められています。

この被保険者等の配偶者等の「等」には、厚年法3②用語の定義で、「厚生年金保険法において、配偶者には、婚姻の届出をしていないが、事実上婚姻関係と同様の事情にある者を含むものとする」とされています。

法律婚と事実婚の違いを表にまとめると以下のとおりとなります。

法律婚と事実婚の違い

	法律婚（戸籍）	事実婚
住民票の続柄記載	妻・夫	未届けの妻・夫／同居人 それぞれ世帯主のまま(同一住所)
健康保険の被扶養者 国民年金の第3号被保険者	可	可（保険者が認めれば）
厚生年金保険の離婚分割	可	3号期間として認められた期間のみ対象
生命保険の死亡保険金受取人	可	保険会社との契約による
税金（配偶者控除・配偶者特別控除）	可	不可
相続権	有	無

法律婚の場合、婚姻届に夫婦のいずれの氏を称するかを記載し、その人の戸籍に入ります。一方で、事実婚の場合、そもそも婚姻届を提出せず、戸籍は別々のままですが、社会保険上は法律婚と同様に扱われます。日本年金機構や健康保険組合等の保険者に事実婚であることの証明書等を提出する必要があり、被扶養配偶者と認められれば、国民年金の第3号被保険者（20歳以上60歳未満）となり、厚生年金保険の離婚分割も対象となります。また、事実婚でも生命保険の死亡保険金を受け取ることは可能ですが、保険会社が定める条件を満たす必要があり、その要件を満たさなければ、受け取ることはできません。

　また、社会保険の場合と異なり、税法上の「配偶者」とはあくまで法律上の婚姻関係にある人、つまり法律婚によって婚姻した人を指すため、事実婚の場合、配偶者控除・配偶者特別控除の申告はできません。

　相続においても法律婚では、配偶者は常に被相続人の相続権を持つ相続人となることができますが、事実婚では相続人となることができません。事実婚の場合、財産を残したいときはあらかじめ遺言書を作成して「遺贈」という手続きを取ることになります。

▌事実婚の認定

　事実婚とは籍はいれていないものの、共に婚姻する意思を持って夫婦としての共同生活を営んでいるという状況です。

　事実婚関係の認定は次の2点を満たしていることが必要です。

❶当事者間に、社会通念上、夫婦の共同生活と認められる事実関係を成立させようとする合意があること

❷当事者間に、社会通念上、夫婦の共同生活と認められる事実関係が存在すること

　この事実婚関係が認定された上で、遺族年金の「生計同一要件」と「収入要件」が審査されます。

　生計同一要件とは、原則として、住民票上、両者が同一世帯である必要がありますが、やむを得ない理由（単身赴任、就学、病気療養、税法上の対策等）の場合は、事実婚の配偶者との間に定期的な音信や訪問があり、また、事実婚の配偶者から請求者への経済的援助があったという事実を申立てて、日本年金機構等保険者の審査を受けます。

❶住民票上同一世帯に属しているとき

❷住民票上世帯は異なるが、住所が住民票上同一であるとき

❸住所が住民票上異なっているが、次のいずれかに該当するとき

　(1)現に起居を共にし、かつ消費生活上の家計を一つにしていると認められるとき

　(2)単身赴任、就学または病気療養等の止むを得ない事情により住所が住民票上異なっているが、次のような事実が認められ、その事情が消滅したときは起居を共にし、消費生活上の家計を一つにすると認められるとき

　　①生活費、療養費等の経済的な援助が行われていること

　　②定期的に音信、訪問が行われていること

　次いで、収入（所得）に関する認定に当たっては、次のいずれかを満たす必要があります。

1 前年の収入（前年の収入が確定しない場合にあっては、前々年の収入）が年額850万円未満であること。

2 前年の所得（前年の所得が確定しない場合にあっては、前々年の所得）が年額655.5万円未満であること。

3 一時的な所得があるときは、これを除いた後、前記**1**または**2**に該当すること。

4 前記の**1**、**2**または**3**に該当しないが、定年退職等の事情により近い将来（おおむね5年以内）、収入が年額850万円未満または所得が年額655.5万円未満となると認められること。

▌生計維持関係を証明する資料

　事実婚関係および生計同一関係の認定において、事実婚関係・生計同一関係の証明書類として、表の**1**～**6**の書類の提出した場合でも、「事実婚関係及び生計同一関係に関する申立書」に第三者証明が必要です。

　ただし、住民票上は別世帯でも、住民票上の住所が同一である場合で、**1**～**6**のいずれかの書類を提出した場合は、原則、「事実婚関係及び生計同一関係に関する申立書」への第三者証明の記入は不要となります。

ケース	事実婚関係・生計同一関係証明書類
1 健康保険等の被扶養者になっている場合	健康保険被保険者証等の写し
2 給与計算上、扶養手当等の対象になっている場合	給与簿または賃金台帳等の写し
3 同一人の死亡について、他制度から遺族給付が行われている場合	他制度の遺族年金証書等の写し
4 事実婚関係にある当事者間の挙式、披露宴等が1年以内に行われている場合	結婚式場等の証明書または挙式・披露宴等の実施を証する書類
5 葬儀の喪主になっている場合	葬儀を主催したことを証する書類（会葬御礼の写し等）
6 その他**1**～**5**のいずれにも該当しない場合	その他事実婚関係の事実を証する書類 ・連名の郵便物 ・公共料金の領収書 ・生命保険の保険証 ・未納分の税の領収証 ・賃貸借契約書の写し　　　　　など複数点

1 健康保険被保険者証……事実婚関係でも健康保険の扶養家族になることができます。生前、事実婚の配偶者の健康保険の被扶養者となっていた場合は、健康保険証の写しを提出します（保険者番号および記号番号等をマスキング〔黒塗り〕したもの）。

2 給与簿または賃金台帳の写……死亡者の会社の給与支給の際に、社の規定によりますが、扶養手当が支払われていたかの確認です。なお税法上の扶養は法律婚のみで、事実婚の場合は、配偶者控除は受けられません。

3 同一死亡について他制度から遺族給付が行われている場合……労働者災害補償保険法に基づき遺族補償年金が受給できるときなど証書を添付します。平成27年10月以降被用者年金一元化後は、1号厚年（民間の会社）と2号～4号厚年（共済組合）は、遺族厚生年金として

給付されるようになりました。

4 結婚式場等の証明書または挙式、披露宴等の実施を証する書類……共に婚姻する意志を持っていたかどうかを確認する資料として、事実婚関係にある当事者間での挙式、披露宴等のことを指します。

5 葬儀を主催したことを証する書類（会葬御礼の写等）……故人の喪主を務めていれば、故人の親族にも認められていたことになります。

6 その他事実婚関係の事実を証する書類
- 連名の郵便物……連名のハガキ、年賀状、郵便物等。連名での郵便物（直近のもの）は、夫婦として認められていたことになります。
- 公共料金の領収証……どちらかが公共料金を負担していれば、生計維持関係であったことになります。
- 生命保険の保険証券……どちらかが保険料を負担しており、死亡保険金の受取りがその相手となっているとき。
- 未納分の税の領収証……どちらかに未払いの税金（市民税等）があり、死亡後に残された人が支払っているもの。
- 賃貸借契約書の写……同居していた住居が賃貸の場合。同居の確認とともに、入居者の続柄に「未届の妻」「事実婚」等と記載されているとき。

事実婚関係にあったことの申立書「事実婚関係及び生計同一関係に関する申立書」には、同居か別居かの区別、死亡者から請求者への経済的援助の内容等を詳細に記入します。また、証明する書類（**1**〜**6**）はできるだけ複数提出した方がよいでしょう。

所定の用紙はA4の表裏の1枚ものなのですが、記入しきれないときは別紙を作成し（任意）提出することも可能です。

▎第三者による証明について

第三者による証明欄の証明者は、2人の事実婚の状況を知っている個人（ケアマネージャーやヘルパー）など、民法上の3親等内の親族以外の人になります。

また、法人（会社、病院、施設等、個人商店）であれば、所在地・名称および証明者の役職名と氏名を記入します。

令和2年12月25日の「押印省略の取り扱い」により押印省略となりました。その際、「電話番号欄」が追加され、本人と同じ筆跡であるなど疑わしい書類の際は、電話で確認されることがあります。

参考：生計維持関係の認定における「第三者の証明書」の第三者の範囲について（P.128）

法律婚の妻がいる重婚的内縁関係の遺族年金

> **死亡した夫**：別居の法律婚の妻あり。事実婚関係の妻と15年以上同居。
> **法律婚の本妻**：離婚協議中。15年間経済的援助、音信、訪問なし。
> **事実婚の妻（独身）**：同居、生計維持関係あり。葬式の喪主。
> --
> **Q**事実婚関係の妻は遺族年金を受給できますか？

重婚的内縁関係の遺族年金について

　法律上婚姻している配偶者がいながら、重ねて他の人と事実婚の状態である場合を「重婚的内縁関係」といいます。

　民法第739条では、「婚姻は、戸籍法の定めるところにより届け出ることによって、その効力を生ずる」とあり、また、民法第732条では「配偶者のある者は重ねて婚姻することができない」と規定しており、当然届出による婚姻関係（法律上）が内縁関係よりも優先されます。しかし、社会保険審査会の裁決例で、「事実婚関係の認定に際しては、届出による婚姻関係がその実体を全く失ったもの（形骸化）となっているときは、事実婚関係が優先する」と認めたケースもあります。

婚姻関係の形骸化とは

法律上の婚姻関係が破綻している条件は、次のいずれかに該当するときとなります。

1当事者が離婚の合意に基づいて夫婦としての共同生活を廃止していると認められるが戸籍上離婚の届出をしていないとき

2一方の悪意の遺棄によって夫婦としての共同生活が行われていない場合であって、その状態が長期間（おおむね10年程度以上）継続し、当事者双方の生活関係がそのまま固定していると認められるとき

「夫婦としての共同生活の状態にない」とは、次に掲げるすべての要件に該当する必要があります。そのため、法律上婚姻している配偶者に書面や実地等の調査を行い、その結果を総合的に勘案して、重婚的内縁関係の認定が行われます。

重婚的内縁関係に係る調査

1別居の開始時期およびその期間（住居を異にすること）

2離婚についての合意の有無

3別居期間中における経済的な依存関係の状況

4別居期間中における音信、訪問等の状況　　など

　相談者の場合、法律婚の配偶者と離婚協議しつつ、15年以上別居中で共同生活を廃止しているといえます。また、法律婚の妻に経済的援助（生活費の仕送り等）も音信訪問もない状態であること、夫が死亡当時は事実婚の妻が同居していて、葬式の喪主もつとめており、生計維持関係があったことから、法律婚の妻との婚姻関係が形骸化していたと考えられます。

　法律婚の妻への調査結果を踏まえ、婚姻関係は形骸化していて、事実婚の妻との生計維持が認められれば、遺族厚生年金を受給できますが、難しい案件といえます。

参考：社会保険審査会裁決事例「重婚的内縁」(P.104)
参考：戸籍上の妻及び内縁の妻の子からの遺族年金請求について(P.128)

離婚後も事実婚状態の場合の遺族年金

非課税世帯対象の行政サービスを受けるため、離婚届提出。実態は引き続き同一住所、別世帯の状態で生活を継続（離婚後事実婚の夫婦）。

- -

Ⓠ離婚後、事実婚の夫が死亡したのですが、妻は遺族年金を受給できますか？

　離婚届が提出され、戸籍簿上も離婚の処理がなされているにもかかわらず、その後も事実上婚姻関係と同様の事情にある場合については、その状態が事実婚（内縁）認定の要件に該当すれば、これを事実婚関係（離婚後内縁）にあるとして認定される場合があります。

　事実婚関係の認定は、具体的には厚生労働省年金局長通知「生計維持関係等の認定基準及び認定の取扱いについて」(P.109) の事実婚関係の認定要件にあてはめて審査されます。

　事実婚認定の要件は次の2点です。

- 当事者間に、社会通念上夫婦の共同生活と認められる事実関係を成立させようとする意図があるか。
- 当事者間に、社会通念上夫婦の共同生活と認められる事実関係が存在すること。

　離婚したにもかかわらず夫婦関係が継続しているということは、「何かしらの事情があって形式上離婚したのでは」と推測できます。その理由が借金の取り立てが厳しく家族を守るために離婚したケースや、生活保護やひとり親としての母子手当の受給、保育園への優先的な入園などの行政サービスの優遇を受けることを目的として、偽装離婚がされることがあります。

　審査会の裁決において、「民法の婚姻法秩序を前提としつつも事実上の婚姻関係を法律上の婚姻関係と同様に扱う法における遺族年金の支給に関しては、何らかの理由で離婚を偽装する必要に迫られて届出をしたもので、当事者間に離婚の届出をする意思の一致はあるが婚姻関係を実質的に解消する意思はなく、実質的な夫婦の共同生活は依然として継続している場合には、届け出にもかかわらず婚姻関係の継続を肯定することが公序良俗に反し、あるいは保険給付に関する法秩序の著しい混乱を招くと認められるような特段の事情がない限り、例外的に、離婚の届出の前後を通じて婚姻関係は継続しているものと認めるべきである」と、離婚後も事実上婚姻関係と同様の者に該当し、遺族年金の受給が認められると判断される場合があります。ただし、一方では、「生活保護を受給している妻（別世帯）」で、生計維持関係にあると認定されず、遺族年金の受給は認められないケースもあります。

参考：社会保険審査会裁決事例「生活保護と生計維持」(P.106)

被用者年金一元化後の遺族年金

> **夫（死亡）**：共済加入期間25年、民間の会社（厚生年金）の加入期間10年。退職共済年金
> と老齢厚生年金の受給者。生計同一のある妻の請求。
> --
> ◉複数の加入期間を有する夫の死亡による遺族年金の手続きはどの機関でするのでしょう
> か？

　平成27年10月1日に「被用者年金一元化法」が施行され、これまで厚生年金と共済年金に分かれていた被用者の年金制度の2階部分（報酬比例部分）が厚生年金に統一されました。被用者年金一元化後の厚生年金被保険者の種別は次のとおりです。

種別	実施機関略称
第1号厚生年金被保険者	厚生労働大臣（日本年金機構）一般厚年
第2号厚生年金被保険者	国家公務員共済組合連合会国共済厚年
第3号厚生年金被保険者	地方公務員共済組合等地共済厚年
第4号厚生年金被保険者	日本私立学校振興・共済事業団私学共済厚年

　共済年金と厚生年金の制度的な差異については、基本的に厚生年金にそろえて解消されました。共済年金にあった3階部分（職域加算）は廃止されましたが、一元化前の受給権者および一元化前に1年以上共済加入期間のあるときには、引き続き経過的職域加算として支給されます。

　制度的な差異の解消で、遺族年金においては、一般厚年に合わせて遺族厚生年金の支給要件が導入されました。もともと、共済年金には保険料納付要件がなかったのですが、一元化以降、厚生年金と同じく保険料納付要件が課せられました。

　また、遺族共済年金にあった転給制度（先順位者が失権したとき、次の権利者が受給できる）が廃止されましたが、一元化施行日前に転給により受給中の遺族共済年金は、引き続き支給されます。

　一元化後は各共済組合等が厚生年金保険法に基づいて業務を行うことになったことから、ワンストップサービスといって、日本年金機構（年金事務所）および国家公務員共済組合・地方公務員共済組合・私立学校教職員組合のどの窓口においても届出等を受け付けることになりました。

年金受給者が死亡した場合（長期要件）の遺族厚生年金

　複数の実施機関にあわせて25年以上加入していた年金受給者の死亡の場合（長期要件）は、それぞれの加入期間ごとに各実施機関が計算し、遺族厚生年金の決定と支払が行われます。被保険者が加入中に亡くなった場合（短期要件）の遺族厚生年金については、死亡日に加入していた実施機関が他の実施機関の加入期間分を含めて計算し、決定と支払を行う扱いです。提出先は死亡時に加入している実施機関で、ワンストップサービスの対象外となっています。

　なお、次の条件を満たす未支給請求もワンストップサービスの対象となります。

- 死亡者が厚生年金受給者でかつ共済年金受給者
- 死亡日が平成27年10月1日以降
- 厚生年金と共済年金の未支給を同時に請求すること

ワンストップサービスについて

　平成27年10月1日に「被用者年金一元化法」が施行され、各共済組合制度は厚生年金保険制度に統一されました。これにより、一元化後に受給権が発生する年金相談や届書の受付については厚生年金となるので、一部の届書を除き、すべての窓口（日本年金機構および各共済組合等）で受付し、所管の実施機関に回付する（ワンストップサービス）こととなりました。

　ただし、次の事例等は一元化後もワンストップサービスの対象外です。

①障害年金裁定請求書⇒初診日に加入していた実施機関

②特定警察職員・特定消防組合員期間に係る老齢給付請求書⇒支給開始年齢の特例に該当するため、特定警察職員は警察共済が、特定消防組合員は市町村共済組合および東京都職員共済組合が実施機関

③単一共済加入者（加入期間が1つの共済組合のみ）に係る基礎年金請求書⇒加入していた実施機関（共済組合等）。

被用者年金一元化後の共済の遺族厚生年金

死亡者：夫。地方公務員としての共済加入期間20年と一般の厚生年金期間が10年。死亡
時退職共済年金と老齢厚生年金・基礎年金の受給者。
妻（65歳以上）：厚生年金期間10年と国民年金3号被保険者期間20年。老齢厚生・基礎
年金を受給者。
- -
⑨共済と一般厚生年金期間のある夫の遺族年金はどうなりますか？

A

　厚生年金と共済組合の加入期間がある場合、長期要件での遺族厚生年金（25年以上の加入期間のある受給者の死亡）の年金額は、それぞれの加入期間ごとに計算され、それぞれの実施機関から遺族厚生年金として支給されます。

　なお、経過的寡婦加算の支給は加入期間の長い実施機関からまとめて支給されます。

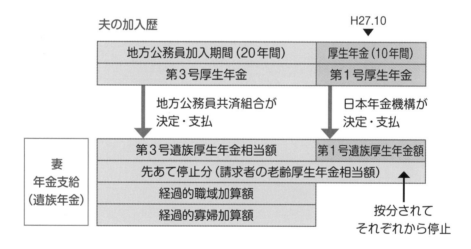

　平成27年10月1日前の共済組合の加入者期間がある人が平成27年10月1日以後に死亡した場合、条件によって、旧3階部分としての経過的職域加算額（遺族共済年金）が発生します。

　請求手続きについては、いずれか1つの機関へ請求することで、すべての遺族厚生年金の請求が行われたことになります（ワンストップサービス）。

　昭和31年4月1日以前に生まれた妻については、一般的に国民年金への加入期間が短いため老齢基礎年金の額が低くなることから、妻の生年月日に応じて経過的寡婦加算額（594,500円〜19,865円：令和5年度価格）が加算されます。

　複数の実施機関に合わせて20年以上加入した人が死亡した場合の妻への経過的寡婦加算の

支給について、被用者年金一元化後、どの実施機関が支給するかは政令で定められています。

経過的寡婦加算を支給する実施機関の判定基準は次の通りです。

1 （年金額の計算の基礎となる）加入期間が最も長い遺族厚生年金の実施機関が支給します。

2 加入期間の長さが同じ場合には、1号厚年（日本年金機構）・2号厚年（国家公務員共済組合連合会）・3号厚年（地方公務員共済組合）・4号厚年（私学事業団）の順に支給します。

この規定に基づき、相談者の場合では、加入期間が最も長い地方公務員共済組合から経過的寡婦加算が支給されることになります。

各共済組合の概略などは下記の通りです。

実施機関	所在地等	
国家公務員共済組合連合会	〒102-8082 東京都千代田区九段南1-1-10　九段合同庁舎 国家公務員共済組合連合会　年金部 KKR年金相談ダイヤル　0570-080-556（ナビダイヤル） または03-3265-8155	
日本私立学校振興・共済事業団	私学事業団　共済事業本部 〒113-8441　東京都文京区湯島1-7-5 （東京ガーデンパレス内　共済事業本部） 電話：03-3813-5321（代表）	
地方公務員共済組合	1組合47支部	各道府県の職員および地方団体関係団体の職員
公立学校共済組合	1組合47支部	公立学校の職員ならびに都道府県教育委員会およびその所管に属する教育機関（公立学校を除く）の職員
警察共済組合	1組合49支部	警察庁、皇宮および各都道府県警察職員
東京都職員共済組合	1組合	東京都職員
指定都市職員共済組合	10組合	札幌市・横浜市・川崎市・名古屋市・京都市・大阪市・神戸市・広島市・北九州市・福岡市
市町村職員共済組合	47組合	各都道府県ごとに区域内の全市町村の職員
都市職員共済組合	3組合	北海道都市・仙台都市・愛知県都市

※地方公務員共済組合の相談や手続きは、加入していた共済組合に問い合わせます。

公務災害による遺族補償年金（共済組合）

夫：国家公務員共済組合加入中に公務傷病により死亡。

遺族：妻と小学生の子。

◎妻と子は労働者災害補償の遺族給付を受給できるのでしょうか？

　公務員の公務中のけがや病気の補償は、労働者災害補償による給付ではなく、公務員災害補償制度によって、その災害によって生じた損害が補償されることになります。

　公務員災害補償制度については、対象が国家公務員の場合には「国家公務員災害補償法」、対象が地方公務員の場合には「地方公務員災害補償法」が適用されます。また、地方公務員では常勤か非常勤かによって根拠となる法律が異なることがあります。

公務災害による死亡と遺族補償年金の要件

　「公務遺族年金」は、次の要件に該当したときに、受給権を有する遺族の請求により支給されます。

１ 組合員が公務傷病により死亡したとき。

２ 組合員が退職後、組合員であった間に初診日のある公務傷病により、初診日から5年以内に死亡したとき。

３ 1級または2級の公務障害年金の受給権者が、その受給権の原因となった公務傷病により死亡したとき。

遺族の範囲

　遺族の範囲および要件は原則、遺族厚生年金の遺族と同様です。例外として、海上保安官等職務内容の特殊な職員が、生命または身体に対する高度の危険が予測される状況下において一定の職務を遂行し、そのため公務上死亡（特例公務による死亡）した場合には、その死亡した人と生計を共にしていた配偶者、子および父母は、遺族厚生年金の遺族の要件に当てはまらなくても遺族に該当するものとして扱われます。なお、この場合、夫および父母に関しては「死亡時55歳以上」の要件も必要がなく、また、1・2級の障害状態にある子および孫については20歳になっても失権しません。

失権

1. 死亡したとき
2. 婚姻したとき
3. 直系血族または直系姻族以外の者の養子となったとき
4. 死亡した組合員との親族関係が離縁によって終了したとき
5. 受給権を取得した当時30歳未満である妻に支給する「公務遺族年金」で、同一の給付事由による遺族基礎年金の受給権を取得しないまま5年が経過したとき
6. 同一の給付事由による遺族基礎年金の受給権が30歳未満で消滅した妻に支給する「公務遺族年金」で、受給権消滅後5年が経過したとき
7. 子または孫（障害等級1級または2級の障害者である子または孫は除かれます）が18歳の年度末に達したとき
8. 障害等級1級または2級の障害者である子または孫が、18歳の年度末以降20歳に達するまでの間に障害が軽快したとき、または障害を有したまま20歳に達したとき

支給停止

1. 若年停止（夫、父母または祖父母に対する「公務遺族年金」は、その受給する人が60歳に達するまでは支給が停止されます。ただし、夫に対する「公務遺族年金」については、その夫が遺族基礎年金の受給権者の場合は受給することとなります。）。
2. 子に対する「公務遺族年金」は、配偶者が「公務遺族年金」の受給権者である間、支給を停止し（配偶者の「公務遺族年金」が支給停止されている場合は除きます）、配偶者が受給することとなります。
3. 配偶者に対する「公務遺族年金」は、その死亡について配偶者が遺族基礎年金の受給権を有さず、かつ、子が遺族基礎年金の受給権を有する間は、支給を停止し（子に対する「公務遺族年金」が所在不明のため支給停止されている場合は除きます）、子が受給することとなります。
4. 「公務遺族年金」の受給権者が1年以上所在不明の場合には、同順位の遺族による申請により、その受給権者に対する支給を停止させ、申請者が受給することができます。

「公務遺族年金」の受給権者が禁錮以上の刑に処せられたときは、その一部の支給が制限されることがあります。

公務遺族年金の算定式

「公務遺族年金」の年金額は、次の計算式で計算されます。

$$公務遺族年金額＝\frac{公務遺族年金算定基礎額^{※1}}{死亡日の年齢区分^{※2}に応じた終身年金現価率^{※3}}×調整率^{※4}$$

各年度の年金額については、「調整率」[※5]に基づき、国民年金並びのスライド改定が行われます。

ただし、上記により計算した金額が、次により計算した金額より少ないときは、この計算に

よる金額が年金額となります（最低保障）。

$$1,038,100円×各年度における国民年金法の改定率－厚生年金相当額^{※6}$$

※1 公務遺族年金算定基礎額は、次の①または②の額となります。なお、使用する組合員期間は、すべて平成27年10月1日以降のものに限ります。
①組合員期間が300月未満の場合……給付算定基礎額$^{※6}$×2.25／組合員期間月数×300
②組合員期間が300月以上の場合……給付算定基礎額$^{※6}$×2.25

※2 「公務遺族年金」の給付事由が生じた日における年齢を基準とした区分となります。ただし、64歳（当分の間59歳）に満たないときは、64歳（当分の間59歳）を基準とした区分となります。

※3 基準利率、死亡率の状況およびその見通しその他政令で定める事情を勘案して、終身にわたり一定額の年金額を支給することとした場合の年金額を計算するための率であり、毎年9月30日までに連合会の定款で定めることとされているもので、「公務遺族年金」の場合には、給付事由が生じた日において使用した率を受給権が消滅するまでの間、使用します。

※4 次の計算により求めた率です。なお、調整率の見直しは、毎年、4月分以降の年金について実施されます。

$$調整率＝\frac{公務遺族年金を支給する各年度における国民年金法の改定率}{公務遺族年金の給付事由が生じた日の属する年度における国民年金法の改定率}$$

※5 遺族厚生年金等および政令で定めるその他の年金の額または政令で定める額のうち最も高い額をいいます。

※6 「退職年金」の受給権者である場合には、終身退職年金算定基礎額×2（組合員期間が10年未満の場合は、×4）になります。）

選択

複数の年金の受給権が生じたときは、本人の選択によりそのいずれかを受給することになりますが、「退職年金」と「公務遺族年金」は併給が可能となっています。

別給付事由の公務遺族年金（または遺族一時金）は併給が可能です。ただし、同一給付事由の公務遺族年金と遺族一時金は、併給不可（選択）となります。

参考：国家公務員共済組合連合会のホームページ

追加費用対象期間のある場合の遺族共済年金

夫（死亡）：地方公務員昭和34年4月から平成11年3月まで40年間。その後、厚生年金5年。地共済から退職共済年金、日本年金機構から老齢厚生・基礎年金を受給していた。

妻：国民年金期間のみ。

◉平成27年10月以降共済組合から「遺族厚生年金を受給する」と聞いていたのですが、地方公務員共済組合から「遺族共済年金証書」が届きました。なぜでしょうか？

追加費用対象期間がある場合は、一元化後でも共済年金が支給

　被用者年金一元化後は、厚生年金と共済組合等の加入期間を有する場合、その遺族には原則「遺族厚生年金」が支給されます。ただし、例外として追加費用対象期間がある場合は、「遺族共済年金」が支給されます。

　追加費用対象期間とは、地方公務員の場合、地方公務員等共済組合法（昭和37年法律第152号）が施行される昭和37年12月1日前に加入していた期間をいいます。この追加費用対象期間の本人負担の保険料は自治体が負担していて、昭和37年12月1日以後の本人負担額の4.4％と比べて少なかったにもかかわらず、同負担額（掛金）を納めたものとして退職共済年金が給付されてきました。その差額分は、都道府県や市町村などの自治体等が「追加費用」という名目で財源を拠出していたため被用者年金一元化法（平成24年法律第63号）の成立を踏まえ、この追加費用対象期間の年金額が削減されることになりました。

　なお、追加費用対象期間については、次の期間も参入されます。

- 昭和34年9月以前の国家公務員共済組合期間
- 昭和41年6月以前の沖縄の公務員期間

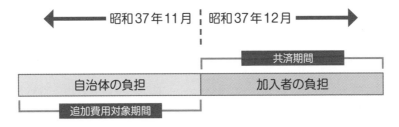

　死亡者がこの期間を有する場合は、一元化後も共済組合から共済年金が支給される扱いです。

Q27

労働者災害補償の遺族給付（労災遺族給付）

> **死亡者**：業務上または通勤途中のケガや傷病により死亡。
> ---
> ◎労災保険から受けられる給付の内容について。

業務災害や通勤災害が原因で労働者が死亡し、一定の要件を満たした場合、遺族に対して業務災害の場合は「遺族補償給付」、通勤災害の場合は「遺族給付」が支給されます。

対象遺族

支給対象となる遺族の範囲は、妻以外は、年齢や障害状態により制限され、再婚や死亡などの事情が発生すると、次の順位の遺族に権利が移る仕組み（転給）もあります。

■「受給資格者の要件」と「受給権者の順位」の一覧表

受給権者の順位	受給資格者の要件（年齢要件・障害要件はいずれか一方を満たすこと）		
	続柄要件	年齢要件	障害要件
1	妻（事実婚可）	―	―
	夫（事実婚可）	60歳以上	一定障害 障害等級第5級以上の身体障害であること
2	子（胎児を含む）	18歳に達する日以後の最初の3月31日までの間であること	
3	父母	60歳以上	
4	孫	18歳に達する日以後の最初の3月31日までの間であること	
5	祖父母	60歳以上	
6	兄弟姉妹	18歳に達する日以後の最初の3月31日までの間であるか60歳以上であること。	

7番目以降の順位は、55歳以上60歳未満の一定障害にない夫・父母・祖父母・兄弟姉妹となりますが、受給権者となっても60歳になるまで年金の支給が停止されます。これを「若年停止」といいます。

労災保険給付（年金と一時金）

遺族（補償）年金

労災保険の給付金で、業務上災害のときは「○○補償給付」、通勤災害による給付の場合は

「○○給付」と区別されます。 労災保険には特別支給金の制度があり、一部の給付には法律に基づく給付に上乗せされて特別支給金が支給されます。

遺族（補償）一時金

被災労働者の死亡当時、遺族（補償）年金を受給できる遺族がいない場合等において給付基礎日額の1,000日分が支給されます。また、遺族（補償）年金の受給権者が最後順位者まですべて失権した場合に、受給権者であった遺族の全員に対して支払われた年金の額および遺族（補償）年金前払い一時金の額の合計額が給付基礎日額の1,000日分に達していないときには、その合計額と給付基礎日額の1,000日分との差額が支給されます。

葬祭料

葬祭を行った遺族などに葬祭料（葬祭給付）が支給されます。

■ 保険給付一覧表

保険給付の種類		要件	保険給付の内容	特別支給金の内容
遺族（補償）給付	遺族補償年金 遺族年金	業務災害または通勤災害により死亡したとき	遺族の数等に応じ、給付基礎日額の245日分から153日分の年金	（遺族特別支給金）遺族の数にかかわらず、一律300万円（遺族特別年金）遺族の数等に応じ、算定基礎日額の245日分から153日分の年金
	遺族補償一時金 遺族一時金	⑴遺族（補償）年金を受給できる遺族がないとき ⑵遺族補償年金を受給している人が失権し、かつ、他に遺族（補償）年金を受給できる者がない場合であって、すでに支給された年金の合計額が給付基礎日額の1000日分に満たないとき	給付基礎日額の1000日分の一時金（ただし、⑵の場合は、すでに支給した年金の合計額を差し引いた額）	（遺族特別支給金）遺族の数にかかわらず、一律300万円（遺族特別一時金）算定基礎日額の1000日分の一時金（ただし、⑵の場合は、すでに支給した特別年金の合計額を差し引いた額）
葬祭料 葬祭給付		業務災害または通勤災害により死亡した方の葬祭を行うとき	315,000円に給付基礎日額の30日分を加えた額（その額が給付基礎日額の60日分に満たない場合は、給付基礎日額の60日分）	

※1 「保険給付の種類」欄の上段は業務災害、下段は通勤災害に係るものです。
※2 表中の金額等は令和5年4月1日現在のものです。

Q28

労働者災害補償の遺族給付（労災遺族給付）と遺族厚生年金との併給調整

夫（50歳）：民間の会社で厚生年金加入中に業務上のケガで死亡。妻（48歳）と高校生の子あり（遺族年金の要件は満たしている）。

◉遺族補償年金（労災年金）と遺族厚生年金の両方とも全額受給できますか？

　厚生年金の加入者（第1号厚生年金被保険者）が業務上のケガや傷病が原因で死亡したので、要件を満たせば日本年金機構から遺族に遺族厚生年金と遺族基礎年金が支給されます。遺族基礎年金は子が18歳到達年度末までか障害の状態にあれば20歳まで支給され、労災からも遺族補償年金（労災年金）を支給されます。

　その際、遺族厚生年金・基礎年金はそのまま全額支給され、労災年金が減額され支給されます。これは、両制度からの年金が未調整のまま支給されると、受給する年金額の合計が被災前に支給されていた賃金よりも高額になってしまうからです。また、保険料負担について、厚生年金保険は被保険者と事業主とが折半ですが、労災保険は事業主が全額負担していることから、事業主の二重負担の問題が生じてしまうためです。

■ 労災年金と厚生年金等の調整率

社会保険の種類	併給される年金給付	労災年金 遺族補償年金 遺族年金
厚生年金および国民年金	遺族厚生年金および遺族基礎年金	0.80
厚生年金	遺族厚生年金	0.84
国民年金	遺族基礎年金	0.88

　相談者の場合、遺族厚生年金と遺族基礎年金は全額支給され遺族補償年金に0.8の調整率がかけられ全額を受給できません。

　もし、遺族厚生年金を受給している人が他の事由による障害補償年金（労災年金）を受給する場合、理由が異なるときは調整は行われず、厚生年金・労災年金ともに全額受給できます。

寡婦年金と死亡一時金（国民年金独自給付）

夫（62歳）：自営業者。国民年金第1号被保険者の保険料の納付期間が20年と全額免除期間が20年。厚生年金の期間はなし。老齢・障害基礎年金の受給なし。

妻（58歳）：25年前に結婚。国民年金加入第1号被保険者期間のみ。子はなし。

◉夫が死亡しました。遺族年金を受給できますか？

　国民年金加入期間しかない人が死亡したとき、子のいない妻（遺族基礎年金が受給できない）の受けられる国民年金独自給付には寡婦年金か死亡一時金があります。

　寡婦年金は、死亡日の前日において国民年金第1号被保険者として保険料を納めた期間および国民年金の保険料免除期間、学生納付特例期間、納付猶予期間が10年以上ある夫が亡くなったときに、その夫と10年以上継続して婚姻関係（事実上の婚姻関係を含む）にあり、死亡当時にその夫に生計を維持されていた妻に対して支給されます。平成29年7月31日以前の死亡の場合は、25年以上の国民年金加入期間が必要です。

　寡婦年金の年金額は、夫の第1号被保険者期間だけで計算した老齢基礎年金額の3/4の額で、妻が60歳から65歳まで間受給できますが、妻が遺族基礎年金を受給できるときや繰上げ支給の老齢基礎年金を受給しているときは支給されません。また、特別支給の老齢厚生年金の受給者であるときは、どちらか一方の年金を選択することになります。

　令和3年3月31日以前に夫が死亡した場合、夫が障害基礎年金の受給権者であったとき、または老齢基礎年金を受給したことがあるときは、寡婦年金は支給されませんでした。

　しかし、「年金制度の機能強化のための国民年金法等の一部を改正する法律」（令和2年6月5日）により、令和3年4月1日以降は死亡した夫に障害基礎年金の受給権があっても、障害基礎年金を受給せずに死亡したとき（障害基礎年金の受給権発生月と死亡月が同月のとき）は、寡婦年金を受給できるようになりました。

　死亡一時金は、死亡日の前日において国民年金第1号被保険者として、保険料を納めた月数が36月以上（3/4納付月数は3/4月、半額納付月数は1/2月、1/4納付月数は1/4月として計算）ある人が、老齢基礎年金・障害基礎年金を受給しないまま亡くなったとき、その人によって生計を同じくしていた遺族（1・配偶者、2・子、3・父母、4・孫、5・祖父母、6・兄弟姉妹の中で優先順位の高い人）に支給されます。なお、死亡一時金を受給する権利の時効は、死亡日の翌日から2年となっています。

　寡婦年金と死亡一時金はどちらか一方の選択となります。

相談者の場合、死亡一時金の金額は、死亡者の納付期間が20年のため170,000円です。

寡婦年金は、795,000×((240 + 240/2)/480)×3/4≒447,188円（令和5年度）が5年間支給されるので金額的には寡婦年金を選ぶ方が有利です（夫婦とも昭和31年4月2日以降生まれ、令和5年4月1日以降死亡したとき）。

▌寡婦年金と他の給付の調整

死亡一時金も寡婦年金と同様に保険料の掛け捨て防止の目的を持っています。妻が寡婦年金の受給権を取得したときには、同時に死亡一時金の受給権も発生するため、どちらかを選択することになります。

選択の基準

■ 寡婦年金の受給期間が短い場合

寡婦年金は65歳になると受給できなくなります。受給権が発生してから65歳になるまでの期間が短い場合は、死亡一時金の方が受給する金額が多くなることがあります。

■ 遺族年金（遺族基礎年金および遺族厚生年金）を受給できる場合

遺族基礎年金および遺族厚生年金と寡婦年金は同時に受給することはできず、いずれかの選択なります。

遺族基礎年金額は老齢年金の満額ですから、寡婦年金額より年金額が多くなります。遺族厚生年金のみを受給できる場合には「65歳になるまでの遺族厚生年金受給総額と死亡一時金の合計額と、寡婦年金受給総額を比較して選択します。

■ 老齢基礎年金の繰上げとの調整

老齢基礎年金を繰上げて請求した後は、寡婦年金を請求できません。また、すでに寡婦年金を受給している人は、寡婦年金の権利がなくなります。

死亡一時金であれば調整がなく全額受給できます。

■ 60歳台前半　特別支給の老齢厚生年金との調整

60歳台前半（特別支給）の老齢厚生年金と寡婦年金は同時に受給することはできず、いずれかの選択なります。

死亡一時金ならば60歳台前半の老齢厚生年金を受給していても受給することができるので、特別支給の老齢厚生年金総額＋死亡一時金と寡婦年金総額を比較して選択します。

寡婦年金と他の給付の調整

死亡した夫（63歳）：国民年金の加入期間のみ。妻と子と生計維持有り。

妻（63歳）：特別支給の老齢厚生年金を受給中。

高校生（17歳）：障害なし。

- -

◉特別支給の老齢厚生年金を受給している妻です。夫（国民年金の加入期間のみ）が死亡しました。どんな給付が受けられますか？

　国民年金の加入期間のみの夫が死亡したとき、遺族基礎年金と寡婦年金と死亡一時金の請求が考えられます。子が18歳到達年度末（障害の状態にある子は20歳未満）までの期間や、65歳までの受給できる期間を比較して年金額や一時金額を選択することになりますが、請求者である妻が特別支給の老齢厚生年金の受給者である場合はさらに受給する組み合わせを検討する必要があります。

　遺族基礎年金は、18歳到達年度末までの子（障害の状態にある子は20歳未満）がいる配偶者か子が受給でき、その年金額は老齢基礎年金の満額と同額ですから、寡婦年金よりは多くなります。そのうえ、遺族基礎年金の受給者は、所得要件を満たせば年金生活者支援給付金も受給できます。しかし、受給権は18歳到達の年度末（障害の状態にある子は20歳未満）で失権します。

　寡婦年金は、死亡した夫の老齢基礎年金額（1号被保険者期間のみで計算）の3/4の年金額を妻が60歳から65歳になるまでの間、受給できます。ただし、寡婦年金と死亡一時金はどちらか一方しか受給できません。なお、遺族基礎年金受給権の失権後、寡婦年金を受給することは可能です。

　死亡一時金は、死亡者の第1号被保険者としての納付済み期間が36月以上の場合、納付月数に応じて一定の額を生計同一の遺族が受給できます。遺族基礎年金と死亡一時金については遺族基礎年金が優先され、死亡一時金を受給できません。特別支給の老齢厚生年金と死亡一時金は併給できます。

　65歳前は1人1年金の原則に基づき、特別支給の老齢厚生年金、寡婦年金、遺族基礎年金は同時に受給できません。基本的に寡婦年金と遺族基礎年金の併給はできませんが、過去に遺族基礎年金を受給したことがあっても寡婦年金の受給は可能です。また、死亡一時金は寡婦年金と遺族基礎年金は併給できませんが、特別支給の老齢厚生年金とであれば併給できます。

相談者の場合、特別支給の老齢厚生年金の金額によりますが、遺族基礎年金を子が18歳到達の年度末まで受給して、その失権後、寡婦年金を65歳まで受給することが考えられます。ただし、相談者が63歳、子が17歳と受給期間が短いため、死亡一時金の額や年金生活者支援給付金の額等も考慮して、65歳まで受給する年金の選択をします。

■ 寡婦年金と死亡一時金の比較

	寡婦年金	死亡一時金
死亡者加入期間要件	1号として10年以上	1号として納付済36月以上
支給期間	①妻の年齢が60歳から65歳になるまで②夫死亡後、妻65歳まで	一時金
対象遺族	婚姻期間が10年以上の妻（事実婚含む）	配偶者、子、父母、孫、祖父母または兄弟姉妹
受給権者の生計維持要件	生計維持	生計同一であること
遺族基礎年金との調整	いずれかを選択	遺族基礎年金が優先
繰上げた老齢基礎年金との調整	老齢基礎年金を繰上げ受給すると寡婦年金は失権	併給可
特別支給の老齢厚生年金との調整	選択	併給可

未支給年金（死亡月までの未払い分）の請求

> **死亡者**：母。遺族年金と老齢年金の受給者。遺族は別居の子（兄）と同居の子（弟）の2人。
> -------
> **Q**12/10に母死亡、12/15に母の銀行口座に年金が振り込まれていたのですが、何か手続きが必要ですか？

年金を受給している人が死亡したときは、年金を受給する権利がなくなるため、「受給権者死亡届（報告書）」の提出が必要です。日本年金機構において個人番号（マイナンバー）が収録されている場合は、死亡情報が確認できるため、原則として、「年金受給権者死亡届（報告書）」の提出を省略できます。

ただし、死亡日より後に振込まれた年金や死亡月分までの年金については、「未支給年金請求書」の届出をして、死亡者と生計を同じくしていた遺族が受給することができます。未支給年金を受給できる遺族は、死亡した当時、その人と生計を同じくしていた、①配偶者②子③父母④孫⑤祖父母⑥兄弟姉妹⑦その他①〜⑥以外の3親等内の親族です。未支給年金を受給できる順位もこの通りです。

具体的手続きにおいて、「未支給年金・未支払給付金請求書」と「受給権者死亡届（報告書）」の様式は2部複写です。日本年金機構のホームページからダウンロードして使用する場合は、複写ではないので2枚とも記入します。所定の複写様式を希望する場合は、ねんきんダイヤル（0570-05-1165）に連絡すれば送付されます。

申請用紙に死亡者の年金証書、死亡者と請求者の続柄が確認できる書類（戸籍謄本・抄本または法定相続情報一覧図の写し等）、および未支給の受給を希望する通帳等（写し）を添付して届出ます。

他に生計を同じくしていたことがわかる書類（死亡した受給権者の住民票〔除票〕および請求者の世帯全員の住民票等）も必要となりますが、マイナンバーが収録されていれば、住民票等の省略が可能な場合があります。別居している場合は「生計同一関係に係る申立書」も必要となります。

相談者の場合、例えば12月15日に死亡者の口座に振り込まれた年金は10月・11月分であり、12月1ヶ月分も含めて未支給となります。生計同一であれば別居の兄も同居の弟も「子」として同順位です。1人が請求すれば、全員の請求とみなされます。

同居の弟であれば住民票が一緒なのでそのまま生計同一とみなされますが、別居の兄の場合は第三者の証明を受けた「生計同一関係に係る申立書」の提出も必要です。

兄弟どちらが請求者になっても、未支給金は受給した請求者の一時所得となります。なお、

未支給金を受給する年分において、その未支給金を含む一時所得の金額の合計が50万円以下である場合には確定申告は不要です。詳細は税務署に相談します。

■三親等内の親族図

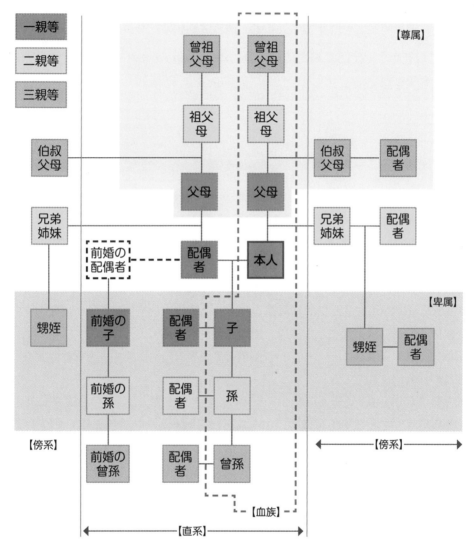

※配偶者の連れ子（前婚の子）は民法上、死亡者の一親等の親族となります（養子縁組の必要なし）。ただし、前婚の配偶者や連れ子の配偶者は姻族に該当しません。なお、事実婚の配偶者の前妻の子は該当しません。

参照：未支給年金請求の可否について（P.130）
参照：未支給請求者の範囲について（P.130）
参照：数次縁組（転縁組）に係る未支給（年金・保険）について（P.131）
参照：同順位者の未支給年金請求について（P.131）
参照：相続人に係る未支給年金の請求について（P.132）
参照：老齢基礎（厚生）年金受給権者を故意に死亡させた者への未支給年金の支給について（P.132）

未支給の未支給「転給」

◉父が母の未支給年金を受給する前に死亡しました。父が請求した母の未支給分はどうなるのでしょうか？

　未支給の請求をした人が受給する前に死亡したときは、死亡した人と生計同一にあった次順位の遺族が改めて請求手続きを取ります。

　相談者の場合、母の未支給請求をした父がそれを受給する前に死亡しました。父が手続きを済ませ、受給できるはずの母の未支給分ですので、「父の未支給分」の請求をすれば自動的に母の分も加算されて受給できそうな気がしますが、改めて「母の未支給分」を請求することになります。

　請求者は、母と生計同一にあった次順位の子となりますが、もし、子と母に生計同一がなければ、生計同一のある他の遺族が母の未支給手続きを取ります。

　子が父母の未支給の請求をする場合、父用母用それぞれの請求書と父母との親子関係を確認するため子の戸籍抄本が必要です。子の住民票は未支給請求書に子のマイナンバーを記入することで省略できます。

　なお、父母と子が別居していた場合は、父と子、母と子それぞれの経済的援助や音信訪問等の内容を具体的に記入した「生計同一関係に関する申立書」が必要です。

「年金受給権者所在不明届」

行方不明者：1人暮らしの叔父（老齢年金受給者）が1ヶ月以上連絡がとれない。警察に相談し、行方不明の届出を提出済み。

----

⑨年金機構から叔父の老齢年金が振込まれました。このまま年金を受給してもよいのでしょうか？

年金受給者が行方不明になったときの手続きとは

年金受給者が1ヶ月以上行方不明だった場合は、家族（世帯員）が「年金受給権者所在不明」の届出を年金事務所に対して行います。届出後、年金受給者本人に対して現況申告書が送付され、現況申告書に対して返信がない場合は年金が一時停止されます。

もし、年金受給者の生存と所在がわかったら、年金停止の解除手続きを行えば年金支給が再開されます。

なお、行方不明の届出をした後に年金受給者の死亡が判明したときは、年金支給が終了するので死亡届の提出が必要です。もし、年金受給者が死亡した後に受給していた年金があれば返還する必要があります。死亡したことを届け出ずに年金を受給し続けると、不正受給になってしまいます。

失踪宣告には「普通失踪」と「特別失踪」の2種類があります。

普通失踪は生死が7年不明なときの失踪宣告になります。特別失踪は震災や船の沈没などの危難が原因の失踪で、その危難が去ってから1年間生死不明の場合の失踪宣告です。

民法には、不在者の生死が七年間明らかでないときは、家庭裁判所は、利害関係人の請求により、失踪の宣告をすることができる」(民法第30条)「戦地に臨んだ者、沈没した船舶の中に在った者その他死亡の原因となるべき危難に遭遇した者の生死が、それぞれ、戦争が止んだ後、船舶が沈没した後又はその他の危難が去った後一年間明らかでないときも、前項と同様とする」(民法第30条第2項)と定められています。

法律上死亡したものとみなす手続きには、失踪宣告のほかに「死亡の推定」があります。「死亡の推定」とは、厚年法59の2および国年法18の3に定められていて、遺体の確認には至らなかったものの、状況からして死亡していることが明らかと認められる場合の制度です。事故や災害等を調査した警察や海上保安庁といった官公庁による判断のもと、死亡したものとして市町村に報告されることが要件となります。

失踪宣告のときの生計維持の認定

夫（老齢厚生年金受給者）：失踪後7年経過し、失踪宣告により死亡とみなされた。

妻：行方不明当時は同居していたが、現在は1人のため施設入所。

⊕遺族厚生年金と未支給の請求について、いつの時点の生計維持関係の証明が必要でしょうか？

　行方不明となった人の生死が7年間明らかでないとき、家庭裁判所は失踪宣告をすることができ、行方不明から7年間が満了したときに死亡したものとみなされます。遺族厚生年金・基礎年金については、「行方不明となった日」を「死亡日」として読み替え、生計維持関係や保険料納付要件等が判断され、遺族厚生年金等の受給権発生は「死亡日とみなされた日」となります。市町村役場に失踪の届出をすると、行方不明者の戸籍が変更されます。

　一方、未支給年金は死亡当時生計を同じくしていた人に受給する権利があります。行方不明になり7年以上が経過した場合の「普通失踪」による失踪宣告ではその日が死亡とみなされるため、生計を同じくしていたとは認めがたく、未支給年金を受給することができません（国年法18の4）。

　相談者が遺族年金を請求する場合、婚姻関係の確認のための戸籍の謄本、同居の確認のための世帯全員の住民票、仮に施設入所等で住民票を移し当時の状況の確認が取れなければ、戸籍の附票を取り寄せます。また、その当時の収入確認のため、課税または非課税証明等も求められますが、7年前となると年数が経過しているため、所得の証明などが発行できない自治体もあります。そのときは、「当時のものは提出できないが、850万円未満である」という本人の申立て（任意の用紙）と交付可能な年度の課税・非課税証明をすべて添えて審査を受けることになります。

　なお、平成29年度以降かつ請求日前5年以内の所得証明はマイナンバーでの情報連携を活用して省略できる場合があります。

失踪宣告のときの死亡一時金

死亡者：独身の子（25歳）。国民年金の加入のみ（保険料納付36月、全額免除24月）。障
　　　害基礎年金は受給していない。
請求者：子（死亡者）と2人暮らしの母。父はなし。

❓子の失踪宣告の審判の確定がおりました。母は「死亡一時金」の請求をできますか？

　平成26年4月から、失踪宣告の審判の確定日の翌日から2年以内なら死亡一時金の請求が可能です。死亡一時金は、国民年金の第1号被保険者として保険料を納めた月数が36月以上ある人が、老齢基礎年金・障害基礎年金を受給することなく死亡したとき、その人と生計を同じくしていた遺族（①配偶者②子③父母④孫⑤祖父母⑥兄弟姉妹の中で優先順位が高い人）が受給することができます。

　平成26年3月以前は、失踪宣告により「死亡とみなされた日」の翌日から2年を超えて死亡一時金の請求があった場合は、消滅時効により支給されませんでした。平成26年4月以後、掛け捨て防止の考え方に立って、失踪宣告の審判の確定日の翌日から2年以内に請求があった場合は、死亡一時金が支給されることになりました。

　相談者の場合、同居の母が失踪宣告の審判の確定日の翌日から2年以内に死亡一時金の請求できます。なお、遺族年金については、失踪宣告により「死亡日とみなされた日」の翌日から時効が進行し、5年が経過すると時効により5年分しか遡れません。

参照：特別失踪者における未支給年金請求について（P.133）
参照：死亡推定日から長期間経過後に失踪宣告を受けた場合の遺族年金の消滅時効について（P.133）
参照：遺族厚生年金の納付要件における失踪宣告による死亡日の取扱いについて（P.134）

外国居住者の遺族年金

> **夫（70歳）：** 老齢年金受給者。厚生年金に30年加入。
> **妻（66歳）：** 引き続き海外居住。その他生計維持等の遺族年金の要件は満たしている（2人とも日本国籍で、死亡時、夫婦で海外に居住）。
> --
> **◉夫が死亡しましたが、日本の遺族年金を請求できますか？**

外国居住者であっても要件を満たせば受給は可能

　相談者の夫は30年の厚生年金の加入期間があり、老齢厚生年金受給者の死亡（長期要件）にあたります。年金事務所で「遺族年金請求書」と「未支給年金・未支払給付金請求書」「受給権者死亡届（報告書）」を提出し請求手続きを行います。

　日本国内であれば、生計維持関係は住民票と所得証明で行いますが、外国居住者ということで、それに代わる証明が必要となることと、外国語の証明書については翻訳人を明記した和訳文を添える点などが異なります。

　相談者の場合、次の書類が必要です。

- 年金証書（死亡者、請求者）
- 日本国籍ということなので「戸籍謄本　死亡日以降請求日前6ヶ月以内に交付されたもの」
- 住民票に代わるものとして在留国の日本領事館による「在留証明」。死亡日の時点での住所確認（同居の有無）できるもの
- 滞在国で税の申告を行っていれば「申告書のコピー」など、収入、所得が850万円未満であることの確認ができるもの（遺族年金は非課税のため「租税条約に関する届出書」は不要）
- 死亡診断書の写し（第三者行為でないことが確認）
- 「年金の支払いを受ける者に関する事項」（年金の受取り口座を記入する申請書。銀行名口座番号の確認できるものを添付）

　居住国によっては証明書自体がない、もしくは発行できないなど、必要な書類が揃わない場合もありえます。また、戸籍を揃えるのも日本国内に協力者がいれば、委任することも可能です。詳細について個別に年金事務所に確認します。

外国籍（日本居住）の遺族年金

夫 (67歳)：老齢年金受給者（国民年金の納付期間15年、厚生年金加入期間15年）。
妻 (58歳)：国民年金第1号被保険者として加入中。
夫婦とも外国籍のままで、永住許可権は取得。子はいない。その他生計維持等遺族年金の長期要件を満たしている。

‥‥‥

◉妻は夫の死亡による遺族厚生年金を受給できますか？

　外国籍の人でも、要件を満たせば遺族年金の受給は可能です。ただし、外国籍の人の場合は戸籍の代わりに、死亡者と請求者それぞれの属する国の公的機関が発行した戸籍謄本に代わるべき証明書と国内居住なので世帯全員の住民票、死亡者の除票や請求者の所得証明が必要です。もし、それが取れないときは、「続柄」が確認できるものとして死亡者と請求者の「外国人登録原票」(写) や、請求者の属する国の公的機関が発行した結婚証明書等を提出します。国によっては証明書類が異なり個別対応となるので、年金事務所で確認します。

┃「外国人登録原票」

　平成24年7月9日、新たな在留管理制度が導入され、外国人登録制度は廃止されました。これに伴い、外国人登録原票は特定の個人を識別することができる個人情報として、出入国在留管理庁において管理されています。なお、自分の外国人登録原票(写し)の交付を希望する場合、開示請求を行う必要があります。

　開示請求ができる人は、当該外国人登録原票に記録された個人情報の本人、本人が未成年者または成年被後見人の場合には、その法定代理人（親権者、成年後見人が該当）のいずれかに限られています。任意代理人による請求はできません。なお、死亡者の外国人登録原票の交付も請求できますが、死亡の当時における同居の親族か配偶者（事実婚・内縁含む）、直系尊属、直系卑属または兄弟姉妹に限られます。未成年者または成年被後見人の取り扱いは本人と同様です。外国人登録原票の写しは、請求者本人が出入国在留管理庁に出向いて受け取るか郵送での交付申請も可能です。詳細は出入国在留管理庁総務課情報システム管理室出入国情報開示係に確認します（届出の詳細はP.145 〜 147参照）。

提出先	出入国在留管理庁総務課情報システム管理室出入国情報開示係
所在地	〒160-0004　東京都新宿区四谷1-6-1　四谷タワー13F
電話	03-5363-3005
窓口／電話受付時間	午前9時から午後5時まで（土・日・祝・年末年始は休庁）
	https://www.moj.go.jp/isa/applications/disclosure/foreigner.html

参照：海外居住者　死亡における戸籍に記載のない子からの遺族年金請求について（P.135）

＜参考＞外国人の戸籍に代わる書類

　　日本の戸籍と似た制度は、以前、中国、台湾、韓国の3か国にありましたが、韓国では、2008年1月より個人単位での「家族関係登録制度」となりました。

　　外国人の場合、国によって証明書の内容や入手方法も異なるので、年金事務所に相談します。

国名	戸籍に代わるもの			照会先
	出生証明	親族関係の証明	婚姻関係の証明	
中国	出生公証書 出生証明公証	親族関係証書	結婚公証書	中国本土または 大使館（東京） 03-3403-3388
韓国	家族関係登録事項別　証明書			大韓民国大使館 03-3452-7611
	基本証明書・ 出生証明書	家族関係証明書	婚姻関係証明書	
台湾	台湾とは国交がないため大使館はありません。 日本台湾交流協会（東京本部03-5573-2600）で実務を行っています。			
フィリピン	フィリピンの国家統計局PSA（旧NSO）が発行する証明書			フィリピン現地または 大使館領事部 03-5562-1600
	出生証明書		結婚証明書	

出典：各国大使館のホームページより

Q38

国民年金基金の遺族給付

死亡者：妻（55歳）。35歳から国民年金基金の保証期間のある終身年金Ａ型に１口加入中の死亡。

請求者：夫。生計同一あり。

- -

⑩死亡による給付や、今まで掛けてきた保険料の還付はありますか？

国民年金基金の給付には老齢年金と遺族一時金の２つがあります。

国民年金基金は、国民年金（老齢基礎年金）とセットで、自営業者など国民年金の第１号被保険者の老後の所得保障の役割を担うものです。年金を受給する前または保証期間中に死亡したとき、加入の条件により、加入時と死亡時の年齢や死亡時までの掛金や納付期間等に応じた額の「遺族一時金」の給付があります。

老齢年金

保険料は口数制で、加入時に自分で年金額や給付の型を選択します。何口加入するかによって受給する年金額が決まります。給付の型は終身年金Ａ型・Ｂ型、確定年金Ⅰ型・Ⅱ型・Ⅲ型・Ⅳ型・Ⅴ型の7種類があります。１口目は終身年金Ａ型、Ｂ型のいずれかを選択します。

国民年金基金の加入資格を途中で喪失した場合、一時金は支給されず、掛金を納めた期間に応じた年金が将来支給されます。

遺族一時金

保証期間のある終身年金Ａ型と、確定年金Ⅰ型、Ⅱ型、Ⅲ型、Ⅳ型、Ⅴ型の加入者が年金を受給する前または保証期間中に死亡した場合、遺族に一時金が支払われます。国民年金基金には保証期間が付いており（終身年金Ｂ型を除く）保証期間経過前の死亡の場合には、一定の条件を満たした遺族に次の一時金が支給されます。なお、Ｂ型は保証期間が付いていない分、掛金が割安となっています。

1 年金受給後保証期間中の死亡の場合には、残りの期間に応じた額

2 年金受給前の死亡の場合は、加入時年齢、死亡時年齢および死亡時までの掛金支払期間に応じた額

年金を受給する前に死亡した場合、加入時の年齢、死亡時の年齢、死亡時までの掛金納付期間に応じた額の遺族一時金が支給されますが、それまでの払込み掛金額を下回ることがありま

す。

　また、保証期間中に死亡した場合、残りの保証期間に応じた額の遺族一時金が支給されます。保証期間のない終身年金B型のみに加入している場合でも、年金を受給する前に死亡した場合、1万円の一時金が遺族に支払われます。なお、遺族一時金は非課税です。

　遺族一時金が支給される遺族は、死亡時に生計を同じくしていた、次の1〜6の順位の遺族となっています。

　1.配偶者(事実婚含む)　2.子　3.父母　4.孫　5.祖父母　6.兄弟姉妹

　35歳で終身年金A型に1口加入した場合の例では、次表のような額になります。

■ 死亡の場合の遺族一時金額(終身年金A型・1口・35歳加入)：令和5年

死亡時年齢	掛金納付期間	死亡の場合の遺族一時金額
40歳	5年	約52万円
45歳	10年	約107万円
50歳	15年	約167万円
55歳	20年	約232万円
60歳	25年	約301万円
65歳	25年	約322万円

　相談者の場合、終身年金A型に1口に加入していて、年金を受給する前の死亡なので、保険料の還付ではなく、死亡時に生計を同じくしていた遺族に遺族一時金が支払われます。一時金額は、加入時の年齢、死亡時の年齢、死亡時までの掛金納付期間に応じた額で、この場合は、約232万円(非課税)となります。

参考：国民年金基金連合会ホームページ「遺族一時金 (https://www.npfa.or.jp/system/lump_sum.html)」で金額の計算ができます。

Q39

企業年金連合会（厚生年金基金）や確定給付年金の 受給者の死亡による遺族給付

> **死亡者**：夫。企業年金連合会からの厚生年金基金の給付と、勤めていた企業から確定給付
> 年金（DB）の両方を受給していた夫が死亡。
> **請求者**：妻。
> --
> **⑨死亡による給付や、今まで掛けてきた保険料の還付はありますか？**

A

　企業年金には、公的年金に上乗せして受けられる3階部分として、厚生年金基金、確定給付企業年金（DB）、企業型確定拠出年金（DC）の3種類があります。

企業年金連合会による厚生年金基金の場合

　死亡した人が企業年金連合会から厚生年金基金に加入していた分を受給していたときは、遺族が未支給年金や死亡一時金を受給できる場合があります。連合会に連絡すると支払いが停止され「死亡届」の用紙が送付されます。

未支給年金について

　年金は死亡した月の分まで支払われるので、未払い分があるときは、受給者の死亡時に生計を同じくしていた遺族が請求すれば、未支給年金を受給できます。請求できる遺族の範囲と順位は次のとおりです。

- 平成26年3月31日以前に死亡した場合……受給者が死亡した当時に生計を同じくしていた配偶者、子、父母、孫、祖父母、兄弟姉妹
- 平成26年4月1日以降に死亡した場合……受給者が死亡した当時に生計を同じくしていた配偶者、子、父母、孫、祖父母、兄弟姉妹、その他の3親等内の親族

死亡一時金について

　通算企業年金等（通算企業年金・基本加算年金・代行加算年金・経過的基本加算年金・経過的代行加算年金）の受給者が保証期間内に死亡したときは、その残存期間分について遺族が請求すれば死亡一時金が受給できます。

　請求できる遺族の範囲と順位は、配偶者、子、父母、孫、祖父母、兄弟姉妹、および死亡した当時生計を同じくしていたその他の親族（6親等内の血族と3親等内の姻族）となります。

　なお、通算企業年金・基本加算年金・代行加算年金・経過的基本加算年金・経過的代行加算年金のいずれも受給していない場合や、受給していても保証期間を経過した後で死亡した場合には、死亡一時金は発生しません。

企業年金連合会から支払われる未支給年金や死亡一時金は相続財産ではないため、相続税や所得税の課税対象にはなりません。

詳しくは、企業年金連合会に問い合わせます。

企業年金連合会	
住　　所	〒105-0011　東京都港区芝公園2-4-1　芝パークビルＢ館10階 企業年金連合会年金サービスセンター年金相談室
電　　話	企業年金コールセンター 0570-02-2666 (IP電話からは、03-5777-2666)
受付時間	平日9時〜17時 (土・日・祝祭日および年末・年始を除く)

確定給付企業年金 (DB)

確定給付企業年金 (DB) は、事業主が従業員と給付の内容をあらかじめ約束し、その内容に基づいた給付を受けることができます。確定給付企業年金の実施方法は、「規約型確定給付企業年金」と「基金型確定給付企業年金」の2つがあります。

「規約型確定給付企業年金」は、労使合意のうえで作成した規約について厚生労働大臣の承認を受けて事業主と信託会社、生命保険会社等が契約を結び、母体企業の外で年金資金を管理・運用し、年金給付が行われます。

「基金型確定給付企業年金」は、労使合意のうえで規約を作成し、厚生労働大臣の認可を受けて母体企業とは別の法人格を持つ企業年金基金を設立して実施するもので、基金において年金資金を管理・運用し、年金給付が行われます。

確定給付企業年金の場合

確定給付企業年金の加入者が年金を受給する前や年金受給中に死亡した場合、退職時に一時金として受給していなければ、一定の遺族に遺族給付金が支払われます。遺族給付金の受給方法は実施企業の規約によって定められていて、年金または一時金を受給できます。

遺族給付金を受給できる遺族は、配偶者 (事実婚含む) 子、父母、孫、祖父母、兄弟姉妹、および死亡の当時、加入者の収入によって生計を維持していたその他の親族になります。優先順位は実施企業の規約によるので、詳しくは元勤務先または企業が企業年金事務を委託している金融機関等に問い合わせます。

確定給付企業年金法には、受給権の消滅時効に関する規定がないため、時効については民法の規定が適用されることになりますが、実施企業の規約によって異なります。以下のいずれかの期間の経過により、遺族給付金の受給権は時効によって消滅してしまいます。

■1遺族が遺族給付金を受給できることを知った時から5年間

■2加入者の相続開始から10年間

確定給付企業年金の遺族給付金は実施企業の規約に従って遺族に支払われ、相続財産にはあたらず、遺産分割の対象にもなりません。ただし、税法上はみなし相続財産として相続税の課税対象となりますが、死亡した時期によっては死亡退職金の非課税枠となる場合もあります。

企業型確定拠出年金（DC）

　企業型確定拠出年金は、個人が掛金とその運用先を決め、積立期間中の運用の結果により将来の年金給付額が変動する仕組みとなっていて、加入者個人が運用のリスクを負うことになります。確定拠出年金は企業型と個人型の2種類に分けられ、一般的に個人型確定拠出年金はiDeCo（イデコ）と呼ばれています。

　死亡者が企業年金を受給していたときは、企業年金連合会や元勤務先の企業または企業が企業年金事務を委託している金融機関等に連絡して、未支給や死亡一時金等の死亡の手続きをします。

確定拠出年金の場合

　確定拠出年金でも（企業型確定拠出年金の個人型確定拠出年金〔iDeCo〕含む）加入者が年金を受給する前や年金受給中に死亡した場合、一定の遺族に遺族給付が支払われます。確定拠出年金の場合、すべての資産が現金に変換され、年金ではなく一時金で支払われます。

　死亡一時金を受給することができる遺族は確定拠出年金法第41条に定められていて、確定給付企業年金と同様です。ただし、死亡者が生前、配偶者（事実婚含む）、子、父母、孫、祖父母または兄弟姉妹のうちから死亡一時金を受給する者を指定して、その旨を企業型記録関連運営管理機関等に対して表示したときは、その指定した人に支払われます。

　また、その遺族に同順位者が2人以上あるときは、死亡一時金がその人数で等分して支払われます。

　確定給付企業年金、確定拠出年金等の企業年金は対象の機関に連絡して相談します。

参考：国税庁ホームページ「遺族の方に支給される公的年金等（https://www.nta.go.jp/taxes/shiraberu/taxanswer/shotoku/1605.htm）」

DV被害者の遺族年金

妻：DV被害者。夫とは別居。

夫：加入資格等、遺族年金の要件は満たしている。

◎夫が死亡しました。妻は遺族年金を受給できますか？

　DV被害者が死亡者と別居していても、一定の要件を満たせば遺族年金を受給できる可能性があります。別居していた夫が死亡したので、DV被害を受けていた妻が遺族年金を請求したところ、行政庁が「生計維持要件を満たさない」として遺族年金の請求を却下しました。妻はそれを不服として訴訟を起こしました。

　東京地裁は、妻が別居に至ったのはやむを得ない理由があったもので、別居中の妻の生計は自身の収入や子どもたちからの援助だけで賄うことはできず、妻は別居時に持ち出した預貯金を夫のカードで引き出して生活しており、夫もこれを黙認していたこと、夫婦ともに離婚に向けた働きかけがされたことはなく、婚姻関係が解消されたという評価ができないことから「生計維持要件に欠けるところはない」として妻の遺族年金受給資格が認められ、「別居はやむを得ない事情だ」と判断し、国に遺族年金の支給を命じました。

　こうした判決を受けて、厚生労働省から、「DV被害者に係る遺族年金等の生計同一認定要件の判断について」(P.124)という通知が発出されました。

対象となるDV被害者

- DV防止法に基づき裁判所が行う保護命令に係る人
- 婦人相談所、民間シェルター、母子生活支援施設等で一時保護されている人
- DVからの保護を受けるために、婦人保護施設、母子生活支援施設等に入所している人
- DVを契機として秘密保持のために基礎年金番号が変更されている人
- 公的機関や公的機関に準ずる支援機関が発行する証明書等を通じて、上記に準ずると認められる人

請求に必要な書類

　通常の請求に必要な書類のほか、DV被害者であることが確認できる証明書、配偶者と住民票上の住所が異なった日が確認できる住民票等およびDV被害等に関する申立等が必要となります。なお、DVを契機として、秘密保持のために基礎年金番号が変更されている人については、証明書の提出は不要です。

相続放棄した場合の遺族年金

死亡者：夫。多額の借金あり。

妻：相続を放棄（遺族年金の要件は満たしている）。

@相続放棄すると遺族年金も受給できなくなりますか？

A

　死亡者の借金返済の義務を一切受け継がないよう、請求者が相続を放棄しても遺族年金や未支給年金の受給は可能です。

　遺族年金や未支給年金は、受給権者の固有の権利です。相続によって発生するものではないため、相続財産にあたらないとみなされています。

　また、未支給年金は最高裁の判例（平成7年11月7日判決）において、相続財産ではないとの見解も出されていて、請求者の一時所得となります。

相続放棄とは
裁判所ホームページ「相続の放棄の申述」より

　相続が開始した場合、相続人は次の3つのうちのいずれかを選択できます。

(1) 相続人が被相続人（亡くなった方）の土地の所有権等の権利や借金等の義務をすべて受け継ぐ単純承認

(2) 相続人が被相続人の権利や義務を一切受け継がない相続放棄

(3) 被相続人の債務がどの程度あるか不明であり、財産が残る可能性もある場合等に、相続人が相続によって得た財産の限度で被相続人の債務の負担を受け継ぐ限定承認

　相続人が、(2)の相続放棄又は(3)の限定承認をするには、家庭裁判所にその旨の申述をしなければなりません。また、申述は、民法により自己のために相続の開始があったことを知ったときから3か月以内に被相続人の最後の住所地の家庭裁判所に申述しなければならないと定められています。

　申述には「相続放棄の申述書」に被相続人の被相続人の死亡の記載のある戸籍（除籍、改製原戸籍）謄本、住民票除票又は戸籍附票や申述人の戸籍謄本・戸籍等の全部事項証明書等必要な添付書類を添えて申述します。申述人が、被相続人の配偶者、子、孫により添付書類が異なります。

　相続財産の状況を調査してもなお、相続を承認するか放棄するかを判断する資料が得られない場合には、相続の承認又は放棄の期間の伸長の申立てにより、家庭裁判所はその期間を伸ばすことができます。

92

第三者行為によって死亡した場合の遺族年金

夫：交通事故で死亡（遺族年金の要件を満たしている）。

妻：遺族年金の請求の際、交通事故の損害賠償金は受けていない。

◎遺族年金の請求手続きの際、「第三者行為届」を提出するよう言われました。遺族年金はどうなるのでしょうか？

　交通事故など他者の故意や過失によって引き起こされた行為のことを第三者行為といい、第三者行為が原因で死亡した場合、多くは事故の加害者から損害賠償金を受けることができます。また、同時に遺族年金の給付も受給できるので、同一の理由により第三者からの賠償金と国からの年金という二重の補償を受けることになるため、遺族年金の支払いが事故日の翌月から起算して最長36カ月（事故日が平成27年9月30日以前の場合は最長24カ月）の範囲内で停止されます。

被害者の損害について

　民法第709条により、第三者行為によって起こった損害は加害者が賠償すべきものであり、その事故が起きなければ遺族年金が発生しなかったため、年金を一時支給停止にすることで二重の補償を受けることがないよう支給調整がされます。ただし、調整の対象となるのは損害賠償金の全額ではなく、生活保障費相当額（逸失利益）のみです。

　第三者行為の最も多いケースは交通事故ですが、ほかにも業務上の事故で労災保険から給付を受けている場合や、アスベスト被害、電車や船舶の事故、他者から受けた暴行等が原因の場合などは、第三者行為の届出が必要になります。

　自損事故の場合は厳密にいえば第三者行為ではありませんが、本人が加入している保険会社の人身傷害保険から給付を受けている場合は支給調整の対象となります。損害賠償金（自賠責保険等を含む）を受けたときは、一定期間年金が支給停止されます。

　具体的には、保険者が受給者の損害賠償請求権を取得する「損害賠償請求権の代位取得」と損害賠償を受けた価値の限度で給付をしない「保険給付の免責」があります。

　その後、損害賠償金を相手方から受け取った時点でその損害賠償額に基づき、支給停止の審査が行われます。損害賠償金を受けない場合は、年金との調整はありません。

■1 遺族年金の請求前に損害賠償金を受けた場合

相手方から損害賠償金を受けた場合、事故日の翌月から起算して最長で36ヶ月の範囲内で年金の支給停止が行われます。その後、支給停止期間が満了した後、年金の支給が再開されます。

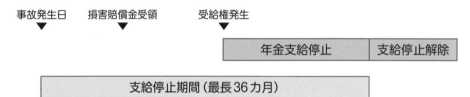

■2 損害賠償金を受けていない場合

示談交渉中等のため損害賠償金を受けていない場合には、先行して年金が支払われます。その後、損害賠償金を相手方から受け取った時点で年金を支給停止すべき期間が決まり、すでに支払われた年金について返納することになります。

この返納分については、本来の支給停止期間が経過し年金を再開した後に支払う年金額から1/2（半額）を差し引くことで調整されます。

この1/2（半額）の返納方法以外に、生活が苦しいなどの理由で1/2の割合の変更や、年金からではなく現金で納付を希望するときは個別の相談が可能です。

受給権発生		損害賠償金受領	
A 年金支給		年金全額 支給停止	通常の1/2の額支払い
			Aの額に達するまで差し引き調整
本来の支給停止期間（最長36カ月）			

▶ 第三者行為にかかる必要な書類

- 第三者行為事故状況届。
- 交通事故証明または事故が確認できる書類……事故証明がとれない場合は、事故内容がわかる新聞の写しなど。交通事故証明書は交通事故の事実を確認したことを証明するものです。自動車安全運転センター法の定めるところにより、自動車安全運転センターの都道府県方面事務所長が、交通事故の当事者が適正な補償を受けられるよう、その求めに応じて、警察から提供された証明資料に基づき、交通事故の事実を確認したことを証明する書面として交付するものです。申請できる人は、交通事故の当事者（加害者・被害者）または当事者の委任を受けた人です。
- 確認書（各実施機関提出用）……確認書とは、第三者行為事故情況届に添付するもので、相手から損害賠償金を受けたときは年金が停止される旨を理解し了承したという内容です。損害賠償金を受領したときは遅滞なく届け出ることや示談について注意事項が記載されています。
- 被害者に事故当時18歳以上の子や父母等の被扶養者がいる場合、扶養していたことがわ

かる書類……源泉徴収票、健康保険証の写し、学生証の写しなど(扶養していた事実と収入の確認のため)。

• 示談書、損害賠償金の算定書……すでに決定済の場合、示談書等受領額がわかるもの。

• 自動車保険の保険証書。

• 損害保険会社等への照会にかかる「同意書」……保険者が直接、損害保険会社等へ照会をすることの同意書です。

※確認書、同意書の様式はP.144参照。

Q43

民法の規定に反する反倫理的な内縁関係

> **死亡者夫：** 叔父。
>
> **妻：** 姪（事実婚関係）。
>
> -
>
> ◉民法の規定に反する反倫理的な内縁関係でも遺族年金を受給できますか？

　民法で禁止や制限されている近親婚者の事実婚関係を「反倫理的内縁関係」といい、原則事実婚関係にあるとは認定されません。

　反倫理的内縁関係とは、「民法の第二章　婚姻、第一節　婚姻の成立」に規定されています。

　　（近親者間の婚姻の禁止）

　　第734条　直系血族又は三親等内の傍系血族の間では、婚姻をすることができない。ただし、養子と養方の傍系血族との間では、この限りでない。

　　2　第817条の9の規定により親族関係が終了した後も、前項と同様とする。

　　（直系姻族間の婚姻の禁止）

　　第735条　直系姻族の間では、婚姻をすることができない。第728条又は第817条の9の規定により姻族関係が終了した後も、同様とする。

　　（養親子等の間の婚姻の禁止）

　　第736条　養子若しくはその配偶者又は養子の直系卑属若しくはその配偶者と養親又はその直系尊属との間では、第729条の規定により親族関係が終了した後でも、婚姻をすることができない。

　この反倫理的な内縁関係であっても最高裁で遺族年金の一定の条件を満たしていると認められ、遺族厚生年金が支給された例もあります。

　この例は、叔父と姪との間で事実上の婚姻が営まれていたため、事実上の妻である姪が遺族厚生年金を請求したところ、遺族の範囲に含まれないとして不支給となりました。そこで姪が訴え、最高裁判所の第一小法廷判決（最高裁判平成19年3月8日）は、反倫理性、反公共性が低く、近親者間における婚姻を禁止すべき公益的要請よりも、遺族の生活の安定と福祉の向上に寄与するという厚生年金保険法の目的を優先させるべき場合に例外的取扱いがあることを認め、遺族厚生年金の支給を認めることが社会通念に適合するだけでなく、同判決の価値判断にも整合するとして不支給処分が取り消されました（平成17年〔行ヒ〕第345号：遺族厚生年金不支給処分取消請求事件）。

　また、養親子関係にある死亡者（親）の配偶者（子）が遺族厚年金の請求をしたところ、原告配偶者（子）が戸籍上の養親子関係にあり、配偶者としての請求を認められないとして不支給とさ

れました。そこで、子が不支給決定の取消しを求めて訴訟を起こしたところ、最高裁で不支給が取り消されました（令和2年3月5日判決　平成30年〔行ウ〕第128号）。この判決内容を踏まえ、日本年金機構では審査が行われます。

　　当該内縁関係が反倫理的な内縁関係である場合、すなわち、民法734条（近親婚の制限）又は736条（養親子関係者間の婚姻禁止）の規定のいずれかに違反することとなるような内縁関係にある者（以下「近親婚者」という。）については、これを事実婚関係にある者とは認定しないものとする。ただし、次に掲げる全ての要件に該当する近親婚者については、過去の判例を踏まえ、日本年金機構本部及び厚生労働省年金局に対し、その取扱いについて協議を行うものとする旨規定する。
　　①三親等の傍系血族間の内縁関係にあること。
　　②内縁関係が形成されるに至った経緯が、内縁関係が開始された当時の社会的、時代的背景に照らして不当ではないこと。
　　③地域社会や周囲に抵抗感なく受け入れられてきた内縁関係であること。
　　④内縁関係が長期間（おおむね40年程度以上）にわたって安定的に継続されてきたものであること。

　この①〜④のすべての要件に該当する近親婚者についての遺族年金の請求については、過去の判例を踏まえ審査が行われます。

死亡者に船員保険の期間があるとき

夫：厚生年金に30年以上加入していて、かつ、昭和32年9月以前の船員保険（第3種被
　　保険者）期間もあり。
妻：国民年金の加入期間のみ。

- -

⦿夫死亡による妻の遺族年金の計算はどうなりますか？

　基本、遺族厚生年金の額は、死亡者の報酬比例の額の3/4で計算した金額となりますが、船員保険（第3種被保険者）の期間を有し一定の条件に該当する場合には、計算方法の特例があります。

　そもそも、本人の老齢厚生年金の年金額を計算するときは、船員保険（厚生年金第3種被保険者）の期間については、実際の加入月数に一定の率をかけて、厚生年金保険第1種または2種被保険者期間に換算する特例があります。厚生年金保険法による年金額の計算の特例は、55改附63・60改附47に定められています。

　具体的換算方法は次の通りです。

🔳昭和61年4月1日前の期間…船員保険の加入月数を4/3倍
🔳昭和61年4月1日から平成3年3月31日までの期間……第3種被保険者の加入月数を6/5倍
🔳平成3年4月1日以降は、換算なし

　一方、遺族厚生年金を計算する際、次の3つの条件を満たしていれば、第3種被保険者を第1種被保険者とみなさず（換算せずに）計算した遺族厚生年金額の方が高くなる場合があります。換算しないため「平均標準報酬月額」が高くなり年金額も高くなるので、遺族年金請求と同時に「老齢・障害・遺族厚生年金額改定請求書（様式第227号）」を提出することができます。

🔳被保険者期間が20年以上（中高齢の特例を含む）の長期要件に該当する
🔳S32年9月以前に船員期間がある
🔳昭和55年9月以前（昭和17年6月以前を除く）の第3種被保険者を第1種被保険者とみなして計
　算することで遺族年金額が高くなる（55改附63）

　換算した結果、1ヶ月未満の端数となった月数について受給資格要件を判断するときは端数処理をせず、受給資格を満たして老齢年金額を計算するときは切り上げて1ヶ月として計算されます。月数が増加すれば受給する年金額が増えます。

　また、遺族年金の計算において、戦時加算の月数も年金額の計算の対象となります。

　船員の戦時加算とは、太平洋戦争が開戦した昭和16年12月8日から終戦までの戦争中、危

険な海域で乗船していたため、加入月数に一定の月数が加算されます。戦時加算がある人は戦時加算の月数も加えて年金額が計算されます。

【船員】

- 昭和16年12月8日から昭和18年12月31日の間……実期間の被保険者月数に1/3を掛けた期間（対象は太平洋とインド洋）
- 昭和19年1月1日から昭和21年3月31日の間……実期間の被保険者月数を2倍した期間が戦時加算となる海域（太平洋とインド洋）、および実期間の被保険者月数を1倍した期間が戦時加算となる海域（日本海、渤海）

【坑内夫】

坑内夫も船員同様、戦時加算があります。

昭和19年1月1日から昭和20年8月31日の間……実期間の被保険者月数に1/3を掛けた期間

Q45

死亡者の年金記録が新たに見つかったとき

死亡者：夫（85歳）。厚生年金加入期間35年。2年間分の厚生年金の記録が漏れていたことが判明。

請求者：妻（78歳）。国民年金加入期間25年。

◉遺族年金の請求手続きに年金事務所へ行ったところ、夫に厚生年金の記録が見つかりました。どうなるのでしょうか？

年金事務所では、遺族年金や未支給の届出の際、死亡者（遺族年金の場合は請求者である配偶者も）の記録の確認が行われ、このとき、基礎年金番号に登録されていない記録が見つかることがあります。同姓同名、同一生年月日の別人の可能性もあるため、厚生年金の記録はその加入していた時期と会社名が、国民年金の記録は住所が一致して初めて本人記録と認められます。本人が生きていれば会社名等を思い出すこともできますが、本人死亡のため結婚前の期間などは配偶者でも知らず、兄弟や親戚もわからないこともあります。

「年金記録照会申出書」を提出し、日本年金機構での調査のうえ、本人の記録と認められたときは、その記録が追加され、年金の裁定の訂正（再裁定）が行われます。それにより、本来受給できた年金額との差額分が支給されることになり、差額分は遺族に未支給年金として支払われます。

なお、年金を受給できる権利（支分権）は5年を経過したときは時効によって消滅しますが、年金記録の訂正により再裁定が行われたときは時効消滅がなく、受給権発生時に遡って未支給年金として支給されます。

基本権（年金を受給する基本的権利）

年金を受給する権利（基本権）は、権利が発生してから5年を経過したときは、時効によって消滅します（国年法102①・厚年法92①）

ただし、5年以上前の給付を受給する権利について、次の**1**または**2**に該当する場合には、国は時効を援用しません。

1 年金記録の訂正がなされたうえで裁定（裁定の訂正を含む）が行われたもの

2 時効援用しない事務処理誤りと認定されたもの

※ 「時効の援用」とは

時効とは、時効期間が過ぎれば自然に成立するものではなく、時効が完成するには時効によって利益を

受ける者が、時効が成立したことを主張する必要があります。この時効が成立したことを主張することを「時効の援用」といいます。

支分権（基本権に基づき給付を受ける権利）

かつては年金法に支分権について時効の記載がなく、会計法の適用を受けて例外なく5年で時効となっていました。しかし、平成19年7月7日の年金時効特例法の法改正によって、消滅時効成立には「時効の援用」が要件となりました。請求遅延等の理由は個別に時効の援用を行うことで支分権については5年で時効消滅となりますが、「消えた年金問題」などの救済として、年金記録の訂正や国に事務処理の誤りがあったときなど特別な事情がある場合は時効の援用が行われず、遡及して支給されます。

平成19年7月6日以前に受給権が発生した年金

平成19年7月6日以前に受給権が発生した年金を受給する権利（支分権）は、会計法の規定により、5年を経過したときは時効によって消滅します。ただし、年金記録の訂正がなされた上で裁定（裁定の訂正を含みます）が行われた場合は、支分権が時効消滅している場合であっても、全額が支給されます。

平成19年7月7日以降に受給権が発生した年金

年金時効特例法の制定に伴う厚生年金保険法および国民年金法の一部改正により、平成19年7月7日以降に受給権が発生した年金の支分権は、5年を経過しても自動的に消滅せず、国が個別に時効を援用することによって、時効消滅することとなりました。

5年以上前の給付を受給する権利について、次の❶または❷に該当する場合には、国は時効を援用しないこととされました。

❶年金記録の訂正がなされた上で裁定（裁定の訂正を含む）が行われたもの
❷時効援用しない事務処理誤りと認定されたもの

この取扱いについて、厚生労働省大臣官房年金管理審議官より日本年金機構理事長に対し、通知が発出されています。

資　料

社会保険審査会裁決事例（概略）

■内縁　　　　　　　　　平成26年（厚）第218号　平成27年2月27日裁決

主文

本件再審査請求を棄却する。

事案概要

請求人は、厚年法による老齢厚生年金の受給資格期間を満たした者であるA（以下「亡A」という。）が死亡したので、厚生労働大臣に対し、亡Aの事実上の妻であるとして、遺族厚生年金の裁定を請求したが、不支給とされました。

問題点

請求人は、内縁関係で同居していたものの住民票の住所が別でした。その状況が亡Aにとって生計を維持した配偶者（事実婚関係にある者）と認めることができるかが争点です。

結果　棄却

「亡Aと請求人との関係をもって、いわゆる内縁関係（事実上婚姻関係と同様の事情にある者に当たる）ということはできず、また、請求人が亡Aによって生計を維持した者に当たるとはいえないから、原処分は妥当であって、これを取り消すことはできず、本件再審査請求は理由がないから、これを棄却することとして、主文のとおり裁決する」となりました。

判断理由

死亡当時の事実婚関係を証明するものは申立書及び第三者の証明書のみであり、請求人と亡Aの連名の宛名の郵便物すらなく、その他の同居の証拠となるようなものがありませんでした。また、訪問介護を受けていましたが、「内縁の妻は同居していない」とされていて、同居の事実を的確に裏付けるものがありません。

経済的援助についても、請求人の申立てのみであって、合理的な説明と客観的な裏付資料も提出されていません。また、亡Aと請求人との間で、社会通念からして、夫婦の共同生活と認められる事実関係を成立させようとする合意があったと認めるに足りる資料もありません。

本件においては、このように、請求人と亡Aが夫婦として生活していた実態を客観的かつ的確に示す資料が何もなく、両名の婚姻の意思も確認できないと判断されました。

■重婚的内縁　　　　　　平成26年（厚）第616号　平成27年2月27日裁決

主文

厚生労働大臣が再審査請求人に対してした、「戸籍上の配偶者との婚姻関係の形骸化が認められない」という原処分を取り消す。

事案概要

亡Aが死亡したため、内縁の妻が遺族厚生年金を請求したところ、「亡Aと戸籍上の配偶者との婚姻関係が形骸化しているとは認められないため。」という理由で、遺族厚生年金を支給しないとした処分を不服として、社会保険審査会に再審査請求をした事案です。

問題点

　亡Ａと戸籍上の妻との婚姻関係がその実態として全く失っていたものとなっていたかどうかが争点です。

　結果　容認

　「請求人は、亡Ａの死亡当時同人と婚姻関係と同様の事情にあった者であり、かつ、同人によって生計を維持していたものであるから、同人の死亡による遺族厚生年金の受給権を有することになる。亡Ａと戸籍上の配偶者との婚姻関係はすでに実体を失って形骸化していたと認めるのが相当であるため、請求人に対し遺族厚生年金を支給しないとした原処分は妥当でなく、これを取り消すべきである。」と容認されました。

　判断理由

　重婚的内縁関係においては、まず、故人と戸籍上の妻の婚姻関係が実態を失っていたかが争点となります。いくら内縁の妻と認められる関係であっても、故人と戸籍上の妻の婚姻関係が実態を失っていなければ内縁の妻に遺族年金の受給は認められません。

　「婚姻関係が実態を全く失っているものとなっている時」とは、次のいずれかに該当する場合をいいます。

　　ア　当事者が離婚の合意に基づいて夫婦としての共同生活を廃止していると認められるが戸籍上離
　　　　婚の届出をしていないとき

　　イ　一方の悪意の遺棄によって夫婦としての共同生活が行われていない場合であって、その状態が
　　　　長期間（おおむね10年程度以上）継続し、当事者双方の生活関係がそのまま固定していると認め
　　　　られるとき

　「夫婦としての共同生活の状態にない」といい得るためには、次に掲げるすべての要件に該当する必要があります。

　①当事者が住居を異にすること。

　②当事者間に経済的な依存関係が反復して存在していないこと。

　③当事者間の意思の疎通をあらわす音信又は訪問等の事実が反復して存在していないこと。

　本案件が、「亡Ａと戸籍上の配偶者との婚姻関係はすでに実体を失って形骸化していたと認めるの
　　　　が相当である」と判断されたポイントは、以下の通りです。

　・亡Ａは、26年間、戸籍上の妻とは別居していて、内縁の妻と同居していたこと

　・住宅ローンの支払いの事実をもって、戸籍上の妻への生計費補助あるいは婚姻費用分担の趣旨と
　　　見ることは困難。

　・亡Ａと戸籍上の妻との音信、訪問が無いこと。

　・戸籍上の妻が亡Ａの葬儀の喪主にもならず、「葬儀に行くまでは請求人の存在を知らなかった」
　　　と述べていること。（仮に亡Ａと夫婦の実体があれば、そのようなことは通常あり得ない。）

　結果、戸籍上の妻とは、10年以上別居していて、経済的援助に関しても住宅ローンの支払いは経済的援助として認められず、音信・訪問についても行われていない状態と判断され、婚姻関係はすでに実体を失って形骸化していたと認めるのが相当と判断されました。

■法律婚形骸化　　　　　　　　平成25年（厚）第645号　平成26年2月28日裁決

　主文

　厚生労働大臣が再審査請求人に対し、遺族厚生年金を支給しないとした処分は、これを取り消す。

事案概要

亡Ａが死亡したため、事実婚の妻が遺族厚生年金を請求したところ、「亡Ａと戸籍上の配偶者との法律婚関係が形骸化していたとは認められないため」として、遺族厚生年金を支給しないとした処分を不服として、社会保険審査会に再審査請求をした事案。

問題点

重婚的内縁関係において、戸籍上の妻と事実婚の妻とでは、戸籍上の妻が優先されます。事実婚の妻が内縁関係と認められても、故人と戸籍上の妻の婚姻関係が実態を失っていなければ遺族年金の受給は認められません。故人と戸籍上の妻の婚姻関係の形骸化が認められるかが争点です。

結果　容認

厚生労働大臣が、請求人に対し、亡Ａの死亡に係る遺族厚生年金を支給しないとした原処分は不当であり、取消しを免れない。以上の理由によって、主文のとおり裁決すると容認されました。

判断理由

「亡Ａと利害関係人（戸籍上の妻）は亡Ａの死亡に至るまで約〇年間にわたって別居状態にあったこと、亡Ａはその間は請求人（事実婚の妻）と同居して生活を共にしていたこと、別居期間中における亡Ａと利害関係人の別居解消に向けての対応や、金員の授受を含む交流の状況等に関する諸事情を総合勘案するならば、亡Ａと利害関係人の婚姻関係は、亡Ａの死亡当時においては、すでにその実質を失って形骸化し、かつ、その状態は固定化していたものと認定するのが相当である」と判断されました。

婚姻関係の形骸化については、経済的援助もなし、音信・訪問もなしである必要があります。利害関係人から「夫から妻へ婚姻費用が支払われていた。メールのやり取りがあった。」という事実が申し立てられましたが、本件では、婚姻費用の支払いがあっても、それは離婚給付又は慰謝料に相当するとされ、経済的援助があったとは認められず、メールや電話等の内容も離婚に関することや、婚姻費用の支払いに関することであれば、音信・訪問に該当しないと判断されました。

■生活保護と生計維持　　　　　平成25年（厚）第676号　平成26年2月28日

主文

本件再審査請求を棄却する。

事案概要

請求人は亡Ａと世帯を分けていて、亡Ａと経済的につながりがなく、請求人が一人世帯として生活保護を受給していたため、生計維持が認められませんでした。

請求人は、亡Ａの死亡当時、同人の妻であり、かつ、同人により生計を維持していた者であるとして遺族厚生年金の裁定を請求しました。遺族厚生年金の支給の認定要件として、死亡された年金受給権者から請求者に対して生活費・療養費等の経済的な援助が行われていることが条件となります。このことについて、同一の住所地に住民票がありますが、請求人は故Ａと世帯を分けていて、故Ａと経済的につながりがない請求人一人世帯として生活保護を受給していました。また、故Ａは死亡した当時の健康保険の被扶養者として届出をしていなかったことなどから、生計維持関係があったと認められず、遺族厚生年金は不支給と決定されました。

問題点

同一住所でありながら、住民票を分けていて（世帯分離）生活保護を受給していた請求者の生計維持関係が認められるかどうかが争点となります。

結果　棄却

「請求人は、亡Ａの死亡の当時、同人によって生計を維持したものと認めることはできないから、

原処分は妥当であり、これを取り消すことはできない。」と棄却されました。

　判断理由

　遺族厚生年金の受給権者に係る生計維持関係の認定に関して、保険者は、「生計維持関係等の認定基準及び認定の取扱いについて」（平成23年3月23日年発0323第1号。以下「認定基準」に基づき判断されます。本件の場合、請求人は、世帯主として生活保護の受給を開始し、その後、亡Aが転居と同時に世帯主として住民登録しました。亡Aは、死亡時まで、厚生年金保険の被保険者として、ある程度の報酬と老齢給付を受給していたけれど、請求人を健康保険の扶養家族に入れず、世帯分離のまま、請求人は、生活保護を受給していました。このような実態に対し、請求人は、「私は生活保護を受けており、夫は年金による経済的収入を得ている中で、お互いに、協力し合って一つ屋根の中で生活してきた。」と主張するのですが、請求人が別世帯として、ひとりだけ生活保護を受けている状況の下において、請求人と亡Aは生計維持関係にあった見ることは困難であり、請求人と亡Aとの間に、生計維持関係を伴う夫婦の実態があったとみることはできないというべきであると判断されました。

■役員報酬（収入要件）　　　平成28年（厚）第704号　平成29年5月31日裁決

　主文

　厚生労働大臣が、再審査請求人に対してした以下「厚生年金保険法第59条に該当しないため」とした原処分を取り消す。

　事案概要

　請求人は、亡Aの妻であるとして遺族厚生年金を請求したが、亡Aの死亡の当時、収入が多くまた近い将来（おおむね5年以内）に請求者の収入が年額850万円未満又は所得が年額655.5万円未満となることが、死亡日の時点において確認できない（厚生年金保険法第59条に該当しないため）として、遺族厚生年金を支給しない旨の処分がされました。

　問題点

　生計維持とは、生計同一要件及び収入要件を満たす場合に死亡した被保険者と生計維持関係があるものと認定されます（ただし、これにより生計維持関係の認定を行うことが実態と著しく懸け離れたものとなり、かつ、社会通念上妥当性を欠くこととなる場合には、この限りではない。）とした上、収入要件については、「次のいずれかに該当する者は、厚生労働大臣の定める金額（年額850万円）以上の収入を将来にわたって有すると認められる者以外の者に該当するものとする。」と定め、次の①から④までのいずれかに該当するものが年額850万円未満または所得が年額655.5万円未満となると認められることを必要としています。

　①前年の収入（前年の収入が確定しない場合にあっては、前々年の収入）が年額850万円未満であること

　②前年の所得（前年の所得が確定しない場合にあっては、前々年の所得）が年額655.5万円未満であること

　③一時的な所得があるときは、これを除いた後、上記①又は②に該当すること

　④上記①、②又は③に該当しないが、定年退職等の事情により近い将来（おおむね5年以内）収入

　そして、当審査会も、認定基準による取扱いを不当とすべき事由は認められないとしているところです。

　この事案は、④の要件を満たせるか否かが判断のポイントとなります。

　結果　容認

　「亡Aの死亡当時において請求人の取締役報酬が大きく減額されざるをえない客観的事情が存在し

ており、近い将来に請求人の収入又は所得の額が基準額未満となることが認められるというべきである。」と④の要件に該当するため、原処分は妥当でなく、これを取り消すべきであると、主文のとおり裁決されました。

判断理由

「請求人の収入は、a社からの収入だけであり、a社は実質的に亡Aの個人企業であり、請求人はその取締役の地位にあったが、名目的役割にとどまっていたものと認められます。このことに加え、既に亡Aの死亡前にB（その会社の従業員）が共同代表取締役となり、その登記もされていたことに照らせば、亡Aの死亡当時において請求人の取締役報酬が大きく減額されざるをえない客観的事情が存在しており、近い将来に請求人の収入又は所得の額が基準額未満となることが認められるというべきである」と判断されました。

したがって、請求人は、上記の④の要件に該当することになるから、亡Aの死亡の当時同人と生計を同じくしていた者であって、厚生労働大臣の定める年額850万円以上の収入を将来にわたって有すると認められる者以外のものであると認められる」として容認されました。

■DV（配偶者からの暴力）の被害者

平成26年（国）第853号　平成27年6月29日裁決

主文

厚生労働大臣が、再審査請求人に対してした、以下「生計維持が認められない」という原処分を取り消す。

事案概要

亡Aと請求人の別居は、請求人がその生命・身体に現実の危険を感じるのに十分な、亡Aによる暴力等による被害を回避し、その暴力等からの保護を求めるための別居したが、生計維持関係が認められず不支給となりました。

結果

再審査請求の結果は、主文のように、遺族年金の支給が認められました。

判断理由

配偶者の死亡時点において、別居のため一体の生計が営まれておらず、また、仕送り等経済上の援助もない場合であっても、それが配偶者の一方又は双方の疾病その他やむを得ない事情によるものであって、夫婦双方に婚姻関係を解消する意思が認められず、いわば常態から逸脱した状況が婚姻関係を形骸化せしめる程、長期間続いているわけでなく、やむを得ない事情が解消すれば速やかに夫婦の共同生活が再開されることが期待される場合には、例外的な取扱いが認められるべきと判断されました。

亡Aと請求人の別居は、配偶者からの暴力等による被害を回避し、保護を求めるための別居であったと認められました。別居期間も、婚姻期間約13年間のうちの末期の3か月余にすぎないものであり、実態に即して総合的に考慮してなされるべきと認められました。

別居中は、夫とは連絡をとらないように警察から言われていたにも関わらず、請求人は亡Aの様子をみながら、やり直すつもりでいたことからも、請求人と亡Aの生計同一関係は失われていないものと認められました。形式的に認定基準に当たらないことをもって、生計維持関係を否定することは、実態と著しく懸け離れたものとなり、かつ、社会通念上妥当性を欠くといわなければならないと判断されました。よって、請求人は、亡Aの死亡の当時、同人によって生計を維持したものと認められ、これと異なる趣旨の原処分は取り消されなければならないとされました。

■生計維持関係等の認定基準及び認定の取扱いについて

平成23年3月23日　年発0323第1号
改正　平成26年3月31日　年発0331第7号

　生計維持・生計同一関係の認定基準及び認定の取扱いについては、「生計維持関係等の認定基準及び認定の取扱いについて」（昭和61年4月30日庁保険発第29号社会保険庁年金保険部国民年金課長・業務第一課長・業務第二課長連名通知）等により取り扱われてきたところであるが、今般、国民年金法等の一部を改正する法律（平成22年法律第27号。以下「障害年金加算改善法」という。）の施行に伴い、併せて関連通知の整理等を行うこととし、別添の「生計維持・生計同一関係等に係る認定基準及びその取扱いについて」（以下「認定基準」という。）により生計維持関係等の認定基準及び認定の取扱いを行うこととしたので遺憾のないよう取り扱われたい。

　なお、本通知の発出に伴い、「事実婚関係の認定について」（昭和55年5月16日庁保発第15号社会保険庁年金保険部長通知）、「事実婚関係の認定事務について」（昭和55年5月16日庁保険発第13号社会保険庁年金保険部厚生年金保険課長・国民年金課長・業務第一課長・業務第二課長連名通知）、「生計維持関係等の認定基準及び認定の取扱いについて」（昭和61年4月30日庁保険発第29号社会保険庁年金保険部国民年金課長・業務第一課長・業務第二課長連名通知）及び「生計維持関係等の認定基準の一部改正について」（平成6年11月9日庁文発第3235号社会保険庁運営部年金指導課長通知）を廃止することとしたので申し添える。

　［別添］　生計維持・生計同一関係等に係る認定基準及びその取扱いについて
1　総論
（1）　生計維持認定対象者
（2）　生計同一認定対象者
2　生計維持関係等の認定日
（1）　認定日の確認
（2）　確認の方法（別表1関係）
3　生計同一に関する認定要件
（1）　認定の要件
（2）　認定の方法（別表2関係）
4　収入に関する認定要件
（1）　認定の要件
（2）　認定の方法（別表3関係）
5　事実婚関係
（1）　認定の要件
（2）　除外の範囲
（3）　離婚後の内縁関係の取扱い
（4）　認定の方法（別表5関係）

6 重婚的内縁関係
(1) 認定の要件
(2) 重婚的内縁関係に係る調査
1 総論
(1) 生計維持認定対象者
　次に掲げる者（以下「生計維持認定対象者」という。）に係る生計維持関係の認定については、
2の生計維持関係等の認定日において、3の生計同一要件及び4の収入要件を満たす場合（⑦及
び⑨にあっては、3の生計同一要件を満たす場合。）に受給権者又は死亡した被保険者若しくは被
保険者であった者と生計維持関係があるものと認定するものとする。
　ただし、これにより生計維持関係の認定を行うことが実態と著しく懸け離れたものとなり、か
つ、社会通念上妥当性を欠くこととなる場合には、この限りでない。
　① 老齢基礎年金のいわゆる振替加算等の対象となる者
　② 障害基礎年金（国民年金法等の一部を改正する法律（昭和60年法律第34号、以下「昭和
　　 60年改正法」という。）による改正前の国民年金法による障害年金を含む。）の加算額の対象
　　 となる子
　③ 遺族基礎年金の受給権者
　④ 昭和60年改正法による改正後の国民年金法による寡婦年金の受給権者
　⑤ 老齢厚生年金の加給年金額の対象となる配偶者及び子
　⑥ 障害厚生年金の加給年金額の対象となる配偶者
　⑦ 昭和60年改正法による改正前の厚生年金保険法による障害年金の加給年金額の対象とな
　　 る配偶者及び子
　⑧ 遺族厚生年金（昭和60年改正法による改正後の厚生年金保険法による特例遺族年金を含
　　 む。）の受給権者
　⑨ 昭和60年改正法による改正前の船員保険法による障害年金の加給年金額の対象となる配
　　 偶者及び子
(2) 生計同一認定対象者
　次に掲げる者（以下「生計同一認定対象者」という。）に係る生計同一関係の認定については、
2の生計維持関係等の認定日において、3の生計同一要件を満たす場合に受給権者又は死亡した
被保険者若しくは被保険者であった者と生計同一関係があるものと認定するものとする。
　ただし、これにより生計同一関係の認定を行うことが実態と著しく懸け離れたものとなり、か
つ、社会通念上妥当性を欠くこととなる場合には、この限りでない。
　① 遺族基礎年金の支給要件及び加算額の対象となる子
　② 死亡一時金の支給対象者
　③ 未支給年金及び未支給の保険給付の支給対象者
2 生計維持関係等の認定日
(1) 認定日の確認
　生計維持認定対象者及び生計同一認定対象者に係る生計維持関係等の認定を行うに当たって
は、次に掲げる生計維持関係等の認定を行う時点（以下「認定日」という。）を確認した上で、認
定日において生計維持関係等の認定を行うものとする。
　① 受給権発生日
　② 老齢厚生年金に係る加給年金額の加算開始事由に該当した日
　③ 老齢基礎年金に係る振替加算の加算開始事由に該当した日

④　国民年金法等の一部を改正する法律の施行に伴う関係政令の整備及び経過措置に関する政令（平成22年政令第194号）の施行に伴い、障害厚生年金及び障害基礎年金並びに障害年金の受給権発生後において、当該受給権者が次のいずれかに該当する者である場合にあっては、次に掲げる日

　　ア　障害年金加算改善法（以下「法」という。）施行日の前日において、加給年金額及び加算額の加算の対象となっていない配偶者及び子を有する場合にあっては、法施行日の前日（平成23年3月31日）

　　イ　法施行日以後において、新たに生計維持関係がある配偶者及び子を有するに至った場合にあっては、当該事実が発生した日（以下「事実発生日」という。）

　　ウ　法施行日以後において、加給年金額及び加算額の加算の対象となっていない子を有する場合にあっては、当該子が新たに障害等級の1級又は2級に該当する障害の状態となった日（以下「現症日」という。）

　　エ　法施行日以後において、加給年金額及び加算額の加算の対象となっていない子を有し、受給権者の配偶者等に対して当該子に係る児童扶養手当が支給されている場合にあっては、児童扶養手当の額が決定、改定又は停止となった月の前月の末日、若しくは障害基礎年金又は障害年金の当該子に係る加算の届出日

(2)　確認の方法

　これらの認定日の確認については、受給権者からの申出及び認定日の内容に応じ別表1の書類の提出を求め行うものとする。

3　生計同一に関する認定要件

(1)　認定の要件

　生計維持認定対象者及び生計同一認定対象者に係る生計同一関係の認定に当たっては、次に該当する者は生計を同じくしていた者又は生計を同じくする者に該当するものとする。

　①　生計維持認定対象者及び生計同一認定対象者が配偶者又は子である場合

　　ア　住民票上同一世帯に属しているとき

　　イ　住民票上世帯を異にしているが、住所が住民票上同一であるとき

　　ウ　住所が住民票上異なっているが、次のいずれかに該当するとき

　　　㋐　現に起居を共にし、かつ、消費生活上の家計を一つにしていると認められるとき

　　　㋑　単身赴任、就学又は病気療養等の止むを得ない事情により住所が住民票上異なっているが、次のような事実が認められ、その事情が消滅したときは、起居を共にし、消費生活上の家計を一つにすると認められるとき

　　　　㋐　生活費、療養費等の経済的な援助が行われていること

　　　　㋑　定期的に音信、訪問が行われていること

　②　生計維持認定対象者及び生計同一認定対象者が死亡した者の父母、孫、祖父母、兄弟姉妹又はこれらの者以外の三親等内の親族である場合

　　ア　住民票上同一世帯に属しているとき

　　イ　住民票上世帯を異にしているが、住所が住民票上同一であるとき

　　ウ　住所が住民票上異なっているが、次のいずれかに該当するとき

　　　㋐　現に起居を共にし、かつ、消費生活上の家計を一つにしていると認められるとき

　　　㋑　生活費、療養費等について生計の基盤となる経済的な援助が行われていると認められるとき

(2)　認定の方法

これらの事実の認定については、受給権者から別表2の書類の提出を求め行うものとする。
4　収入に関する認定要件
(1)　認定の要件
① 　生計維持認定対象者（障害厚生年金及び障害基礎年金並びに障害年金の生計維持認定対象者は除く。）に係る収入に関する認定に当たっては、次のいずれかに該当する者は、厚生労働大臣の定める金額（年額850万円）以上の収入を将来にわたって有すると認められる者以外の者に該当するものとする。
ア　前年の収入（前年の収入が確定しない場合にあっては、前々年の収入）が年額850万円未満であること。
イ　前年の所得（前年の所得が確定しない場合にあっては、前々年の所得）が年額655.5万円未満であること。
ウ　一時的な所得があるときは、これを除いた後、前記ア又はイに該当すること。
エ　前記のア、イ又はウに該当しないが、定年退職等の事情により近い将来（おおむね5年以内）収入が年額850万円未満又は所得が年額655.5万円未満となると認められること。
② 　障害厚生年金及び障害基礎年金の生計維持認定対象者に係る収入に関する認定に当たっては、次のいずれかに該当する者は、厚生労働大臣の定める金額（年額850万円）以上の収入を有すると認められる者以外の者に該当するものとする。
ア　前年の収入（前年の収入が確定しない場合にあっては、前々年の収入）が年額850万円未満であること。
イ　前年の所得（前年の所得が確定しない場合にあっては、前々年の所得）が年額655.5万円未満であること。
ウ　一時的な所得があるときは、これを除いた後、前記ア又はイに該当すること。
エ　前記のア、イ又はウに該当しないが、定年退職等の事情により現に収入が年額850万円未満又は所得が年額655.5万円未満となると認められること。
(2)　認定の方法
これらの認定については、受給権者からの申出及び生計維持認定対象者の状況に応じ別表3の書類の提出又は提示を求め行うものとする。
5　事実婚関係
(1)　認定の要件
事実婚関係にある者とは、いわゆる内縁関係にある者をいうのであり、内縁関係とは、婚姻の届出を欠くが、社会通念上、夫婦としての共同生活と認められる事実関係をいい、次の要件を備えることを要するものであること。
① 　当事者間に、社会通念上、夫婦の共同生活と認められる事実関係を成立させようとする合意があること。
② 　当事者間に、社会通念上、夫婦の共同生活と認められる事実関係が存在すること。
(2)　除外の範囲
前記(1)の認定の要件を満たす場合であっても、当該内縁関係が反倫理的な内縁関係である場合、すなわち、民法第734条（近親婚の制限）、第735条（直系姻族間の婚姻禁止）又は第736条（養親子関係者間の婚姻禁止）の規定のいずれかに違反することとなるような内縁関係にある者（以下「近親婚者」という。）については、これを事実婚関係にある者とは認定しないものとすること。
ただし、厚生年金保険法、国民年金法、船員保険法による死亡を支給事由とする給付（未支給

の保険給付及び未支給年金を含む。）及び加給年金額並びに振替加算の生計維持認定対象者及び生計同一認定対象者に係る生計維持関係等の認定において、次に掲げるすべての要件に該当する近親婚者については、過去の判例を踏まえ、日本年金機構本部及び厚生労働省年金局に対し、その取扱いについて協議を行うものとすること。

① 三親等の傍系血族間の内縁関係にあること。

② 内縁関係が形成されるに至った経緯が、内縁関係が開始された当時の社会的、時代的背景に照らして不当ではないこと。

③ 地域社会や周囲に抵抗感なく受け入れられてきた内縁関係であること。

④ 内縁関係が長期間（おおむね40年程度以上）にわたって安定的に継続されてきたものであること。

(3) 離婚後の内縁関係の取扱い

離婚の届出がなされ、戸籍簿上も離婚の処理がなされているにもかかわらず、その後も事実上婚姻関係と同様の事情にある者の取扱いについては、その者の状態が前記(1)の認定の要件に該当すれば、これを事実婚関係にある者として認定するものとすること。

(4) 認定の方法

これらの事実婚関係及び生計同一関係の認定については、3の(1)の①によるものとし、受給権者、生計維持認定対象者及び生計同一認定対象者からの申出並びに別表5の書類の提出を求め行うものとする。

6 重婚的内縁関係

(1) 認定の要件

届出による婚姻関係にある者が重ねて他の者と内縁関係にある場合の取扱いについては、婚姻の成立が届出により法律上の効力を生ずることとされていることからして、届出による婚姻関係を優先すべきことは当然であり、従って、届出による婚姻関係がその実体を全く失ったものとなっているときに限り、内縁関係にある者を事実婚関係にある者として認定するものとすること。

なお、内縁関係が重複している場合については、先行する内縁関係がその実体を全く失ったものとなっているときを除き、先行する内縁関係における配偶者を事実婚関係にある者とすること。

① 「届出による婚姻関係がその実体を全く失ったものとなっているとき」には、次のいずれかに該当する場合等が該当するものとして取扱うこととすること。

ア 当事者が離婚の合意に基づいて夫婦としての共同生活を廃止していると認められるが戸籍上離婚の届出をしていないとき

イ 一方の悪意の遺棄によって夫婦としての共同生活が行われていない場合であって、その状態が長期間（おおむね10年程度以上）継続し、当事者双方の生活関係がそのまま固定していると認められるとき

② 「夫婦としての共同生活の状態にない」といい得るためには、次に掲げるすべての要件に該当することを要するものとすること。

ア 当事者が住居を異にすること。

イ 当事者間に経済的な依存関係が反復して存在していないこと。

ウ 当事者間の意思の疎通をあらわす音信又は訪問等の事実が反復して存在していないこと。

(2) 重婚的内縁関係に係る調査

重婚的内縁関係にある者を「婚姻の届出をしていないが事実上婚姻関係と同様の事情にある者」として認定するには、届出による婚姻関係がその実体を全く失ったものとなっていることを

確認することが必要であり、このため、次の調査を行い、その結果を総合的に勘案して事実婚関係の認定を行うものとすること。

　なお、この調査は、相手方の任意の協力を得て行うものであるとともに、本人のプライバシーに関係する問題でもあるので、慎重に取り扱うものとすること。

　① 戸籍上の配偶者に対して、主として次の事項について、婚姻関係の実態を調査すること。
　　なお、戸籍上の配偶者の住所は、戸籍の附票（住民基本台帳法第16条〜第20条参照）により確認することとすること。
　　ア 別居の開始時期及びその期間
　　イ 離婚についての合意の有無
　　ウ 別居期間中における経済的な依存関係の状況
　　エ 別居期間中における音信、訪問等の状況
　② 前記①による調査によっても、なお不明な点がある場合には、いわゆる内縁関係にある者に対しても調査を行うこと。
　③ 厚生年金保険法及び船員保険法の未支給の保険給付並びに国民年金法の未支給年金についても同様の取扱いとすること。
　この取扱いは、平成23年4月1日から適用するものとすること。

別表1　生計維持関係等の認定日関係

認定日の区分	認定日の内容	提出書類
①	受給権発生日	不要
②	老齢厚生年金に係る加給年金額の加算開始事由に該当した日	不要
③	老齢基礎年金に係る振替加算の加算開始事由に該当した日	不要
④—ア	障害年金加算改善法施行日の前日	不要
④—イ	((ア)) 婚姻日、出生日又は養子縁組日	戸籍謄（抄）本又は登録原票記載事項証明書
	((イ)) 事実婚関係の開始日	それぞれの住民票（世帯全員）の写、別表6に掲げる書類又は事実婚関係の開始日に係る第三者（民生委員、病院長、施設長、事業主、隣人等であって、受給権者、生計維持認定対象者及び生計同一認定対象者の民法上の三親等内の親族は含まない。以下同じ。）の証明書
	((ウ)) 生計同一関係の開始日	それぞれの住民票（世帯全員）の写、別表4に掲げる書類又は生計同一関係の開始日に係る第三者の証明書
	((エ)) 収入又は所得が減少した年の翌年の初日（ただし平成23年にあっては3月31日）	源泉徴収票、課税証明書又は確定申告書等収入額及び所得額を確認することができる書類
	((オ)) 今後見込まれる収入が恒常的に減少することが確定した日	労働契約書、労働条件通知書、雇用契約書又は役員報酬改定を議決した議事録の写
	((カ)) 退職日又は退任日の翌日	雇用保険被保険者離職票、雇用保険受給資格者証又は役員変更・退任を議決した議事録の写若しくは事業主が発行した退職証明書
	((キ)) 法人若しくは個人事業の解散日、廃業日又は休業日の翌日	解散登記の記入がある法人登記簿謄本、個人事業廃業届、解散・休業等異動事項の記載がある法人税・消費税異動届又は事業廃止を議決した議事録の写
	((ク)) その他((ア))〜((キ))に準ずる場合	その他事実発生日を証する書類

④—ウ	現症日	障害の状態に関する医師又は歯科医師の診断書
④—エ	（（ア））児童扶養手当の額の決定月、改定月又は停止月の前月の末日	児童扶養手当証書、児童扶養手当額改定通知書、児童扶養手当額支給停止通知書又は児童扶養手当額調書の写
	（（イ））届出日	児童扶養手当証書又は児童扶養手当額改定通知書の写

別表２　生計同一に関する認定関係

認定対象者の状況区分	提出書類
①—ア	住民票（世帯全員）の写
①—イ	a　それぞれの住民票（世帯全員）の写 b　別世帯となっていることについての理由書
①—ウ—（ア）	a　それぞれの住民票（世帯全員）の写 b　同居についての申立書 c　別世帯となっていることについての理由書 d　第三者の証明書又は別表４に掲げる書類
①—ウ—（イ）	a　それぞれの住民票（世帯全員）の写 b　別居していることについての理由書 c　経済的援助及び定期的な音信、訪問等についての申立書 d　第三者の証明書又は別表４に掲げる書類
②—ア	住民票（世帯全員）の写
②—イ	それぞれの住民票（世帯全員）の写
②—ウ—（ア）	a　それぞれの住民票（世帯全員）の写 b　同居についての申立書 c　第三者の証明書又は別表４に掲げる書類
②—ウ—（イ）	a　それぞれの住民票（世帯全員）の写 b　経済的援助についての申立書 c　第三者の証明書又は別表４に掲げる書類

別表３　収入に関する認定関係

１　本文４の(1)及び(2)のア又はイに該当する者に添付を求める書類

　前年若しくは前々年の源泉徴収票、課税証明書、確定申告書等収入額及び所得額を確認することができる書類又は認定対象者が次の表左欄に掲げる者である場合にあっては表右欄に掲げる書類

認定対象者	認定対象者の状況	提示書類
(1)配偶者 　父母 　祖父母	①健康保険等の被扶養者	健康保険被保険者証等
	②国民年金の第３号被保険者	第３号被保険者認定通知書又は年金手帳（第３号被保険者である旨の記載があるものに限る。）
	③公的年金の加給年金額対象者又は加算額対象者	年金証書及び裁定通知書
	④国民年金保険料免除者、学生納付特例者又は若年者納付猶予者	国民年金保険料免除該当通知書又は国民年金保険料免除申請承認通知書等
	⑤生活保護受給者	保護開始決定通知書
(2)　子・孫	①義務教育終了前	不要
	②健康保険等の被扶養者	健康保険被保険者証等
	③高等学校等在学中	在学証明書又は学生証
	④公的年金の加給年金額対象者又は加算額対象者	年金証書及び裁定通知書

2　本文4の（1）及び（2）のウ又はエに該当する者に添付を求める書類

　　前年若しくは前々年の源泉徴収票、課税証明書、確定申告書等収入額及び所得額を確認することができる書類並びに当該事情を証する書類等

別表4　生計同一関係を証明する書類（別表1及び別表2関係）

事項	提出書類
①健康保険等の被扶養者になっている場合	健康保険被保険者証等の写
②給与計算上、扶養手当等の対象になっている場合	給与簿又は賃金台帳等の写
③税法上の扶養親族になっている場合	源泉徴収票又は課税台帳等の写
④定期的に送金がある場合	預金通帳、振込明細書又は現金書留封筒等の写
⑤その他①〜④に準ずる場合	その事実を証する書類

別表5　事実婚関係及び生計同一関係に関する認定関係

本文5の（1）に該当する者に添付を求める書類

　　婚姻の意思についての当事者それぞれの申立書（当事者が死亡している場合にあっては死亡者に係る婚姻の意思についての第三者の証明書。ただし、当事者の一方が、死亡者が受給していた公的年金に係る加給年金額対象者であり、かつ、死亡の当時、当該受給権者と同居していた場合にあっては、この限りではない。）及び認定対象者が次の表左欄に掲げる者である場合にあっては表右欄に掲げる書類

認定対象者の状況	提出書類
①―ア	住民票（世帯全員）の写
①―イ	a　それぞれの住民票（世帯全員）の写 b　別世帯となっていることについての理由書 c　第三者の証明書又は別表6に掲げる書類
①―ウ―（ア）	a　それぞれの住民票（世帯全員）の写 b　同居についての申立書 c　別世帯となっていることについての理由書 d　第三者の証明書及び別表6に掲げる書類
①―ウ―（イ）	a　それぞれの住民票（世帯全員）の写 b　別居していることについての理由書 c　経済的援助及び定期的な音信、訪問等についての申立書 d　第三者の証明書及び別表6に掲げる書類

別表6　事実婚関係及び生計同一関係を証明する書類（別表1及び別表5関係）

認定対象者の状況	提出書類
①健康保険の被扶養者になっている場合	健康保険被保険者証の写
②給与計算上、扶養手当の対象になっている場合	給与簿又は賃金台帳等の写
③同一人の死亡について、他制度から遺族給付が行われている場合	他制度の遺族年金証書等の写
④挙式、披露宴等が最近（1年以内）に行われている場合	結婚式場等の証明書又は挙式、披露宴等の実施を証する書類
⑤葬儀の喪主になっている場合	葬儀を主催したことを証する書類（会葬御礼の写等）
⑥その他①〜⑤のいずれにも該当しない場合	その他内縁関係の事実を証する書類（連名の郵便物、公共料金の領収証、生命保険の保険証、未納分の税の領収証又は賃貸借契約書の写等）

■生計同一関係申立書等の様式の改正等について

事務連絡　令和２年９月25日

　生計維持・生計同一関係の認定の取扱いについては、平成23年３月23日付け年発0323第１号「生計維持関係等の認定基準及び認定の取扱いについて」（以下「通知」という。）において定められているところですが、住民票上世帯を異にしている場合や住所が住民票上異なっている場合においては、生計同一に関する認定要件（以下「生計同一認定要件」という。）の認定に際して、受給権者は生計同一関係申立書等（生計同一関係に関する申立書並びに事実婚関係及び生計同一関係に関する申立書をいう。以下同じ。）を提出することとされています。

　今般、生計同一認定要件の認定に係る受給権者の負担軽減を図る観点から、日本年金機構（以下「機構」という。）において、生計同一関係申立書等の様式の改正等を行ったので、下記のとおり、改正の趣旨及び改正後の様式等について、連絡いたします。

記

１　生計同一関係申立書等の様式の改正等の趣旨
　⑴　生計同一関係申立書等の様式について、別居等の状況に応じて記載すべき事項及び記載が不要な事項が受給権者にとって分かりやすくなるよう、改善を図ることとしたこと。
　⑵　通知別表２及び別表５の規定により、生計維持認定対象者等が通知３⑴の①－ウ－㋐、①－ウ－㋑、②－ウ－㋐及び②－ウー（イ）並びに５⑴の①－イに該当する場合においては、通知別表４又は別表６に掲げる書類が提出されていれば、第三者証明は不要であるとされている。受給権者にとって当該取扱いが理解しやすいものとなるよう、生計同一関係申立書等の様式を改善するとともに、周知用のチラシを作成・配布することとしたこと。
　⑶　これまでの５種類の生計同一関係申立書等に加えて、新たに振替加算に係る生計同一関係申立書等を整備することとしたこと（様式２及び様式６）。
　⑷　⑴から⑶までのほか、受給権者にとって記載しやすいものとする観点等から、生計同一関係申立書等の様式について、必要な改善を図ることとしたこと。
２　改正後の生計同一関係申立書等の様式及び周知用のチラシについて
　⑴　改正後の生計同一関係申立書等の様式は様式１から様式７までのとおりであり、１⑵の周知用チラシは別添のとおりであること。
　⑵　令和２年10月１日以降は、原則として、様式１から様式７まで及び別添を活用して、生計同一認定要件の認定に係る事務を実施していただきたいこと。ただし、当面の間は、改正前の様式を活用していただいて差し支えないこと。
　⑶　様式１から様式７まで及び別添については、以下のURLに掲載したものを印刷する形で活用いただきたいこと。また、様式１から様式７まで及び別添は、管内年金事務所から提供することも可能なので、希望する場合は、管内年金事務所に連絡を行っていただきたいこと。
　　※　機構ホームページ（トップページ＞年金の制度・手続き＞年金の受給＞年金の受給に関する届書＞共通事項＞生計同一関係・事実婚関係に関する申立をするとき）
　　URLhttps://www.nenkin.go.jp/service/jukyu/todokesho/kyotsu/20140425.html
　⑷　生計維持認定対象者等が通知３⑴の①－ウ－㋐、①－ウ－㋑、②－ウ－㋐及び②－ウー㋑並びに５⑴の①－イに該当する場合においては、別添を用いて、通知別表４又は別表６に掲げる書類が提出されていれば、第三者証明は不要である点を周知していただきたいこと。

生計維持に関する申立書（遺族・未支給・一時金）

●配偶者・子用

| 遺族年金 | 未支給 | 一時金 | | 配偶者・子用 | 様式3 |

生計同一関係に関する申立書

生計同一関係にあったことの申立

申立年月日：令和＿＿＿年＿＿＿月＿＿＿日　　※ この申立書の記入日を記載してください。

　私と下記②の者は、下記②の者が亡くなった当時、生計を同じくしていました。

　　① 請求される方の住所、氏名

　　　　住所＿＿＿＿＿＿＿＿＿＿＿＿＿＿＿＿＿＿＿＿＿＿＿＿＿＿＿

　　　　氏名　**請求者** ＿＿＿＿＿＿＿＿＿＿＿＿＿＿＿

　　② 亡くなった方（被保険者、被保険者であった方）の住所（亡くなった当時）、氏名

　　　　住所＿＿＿＿＿＿＿＿＿＿＿＿＿＿＿＿＿＿＿＿＿＿＿＿＿＿＿

　　　　氏名　**死亡者** ＿＿＿＿＿＿＿＿＿＿＿＿　（①との続柄：　　　　）

- -
上記①・②の方の状況に応じて、**次の1～3のいずれか1つに○を付した上で、必要事項を**記載してください。
- -

　1．①と②は、住民票上は別世帯でしたが、住民票上の住所は同一でした。
　　　【住民票上、別世帯となっていた理由を以下に記載してください。】

　　　　別世帯となっていることについての理由書　　　＿＿＿＿＿＿＿＿＿
　　　　死亡により世帯主変更、結婚により独立など　　＿＿＿＿＿＿＿＿＿
　　　　　　　　　　　　　　　　　　　　　　　　　　＿＿＿＿＿＿＿＿＿

　2．①と②は、住民票上は別住所でしたが、実際は同居していました。
　　　【住民票上、別世帯（別住所）となっていた理由を以下に記載してください。】

　　　　同居についての申立書、別世帯となっていることについての理由書＿＿
　　　　仕事上や自宅以外の持ち家管理のため住民票を動かせないが実際は＿＿
　　　　同居など

裏面へ続く

３．　①と②は、別居していました。また、住民票上も別住所でした。

（１）別居していた理由を以下に記載してください。

別居していることについての理由書
単身赴任、施設入所、病気療養

_____

_____

（２）経済的援助の状況について、以下に記載してください。

②（亡くなった方）から①（請求される方）に対する経済的援助　（　あり　・　なし　）

経済的援助の回数　　（　年・月　約 _____ 回程度）

経済的援助の内容 _____

_____

経済的援助及び定期
的な音信、訪問等に
ついての申立書
遺族年金は「死亡者
から請求者への経済
的援助」が必要です

◎　上記の経済的援助が「なし」の場合は、以下に記載してください。

①（請求される方）から②（亡くなった方）に対する経済的援助（　あ

経済的援助の回数　　（　年・月　約 _____ 回程度）

経済的援助の内容 _____

_____

（３）音信・訪問の状況について、以下の⑦～⑨に記載してください。

⑦　音信の手段　　（　訪問・電話・メール・その他： _____ ）

⑦　訪問回数　　（　年・月・週　：約 _____ 回程度）

⑦　音信・訪問の内容 _____

_____

_____

| 第三者による証明欄 | ※　上記1に○をされた場合（住民票上は別世帯だが、住民票上の住所は同一である場合）または生計同一関係証明書類を提出している場合は記入不要です。 |

上記の事実に相違ないことを証明します。

また、私は上記①及び②の者の民法上の三親等内の親族ではありません。

証明年月日：令和 _____ 年 _____ 月 _____ 日　※　表面の申立日（記入日）以後に証明してください。

住所 _____

氏名 _____　－　　－

法人として証明者する場合、役職名と
氏名を記入します。押印は不要です。

※　法人（会社、病院、施設等）・個人商店として証明する場合は、所在地・名称及び証明者の役職名と
氏名を記入してください。

日本年金機構理事長　　様

●配偶者・子以外用

| 遺族年金 | 未支給 | 一時金 |

| 配偶者・子以外用 | 様式4 |

生計同一関係に関する申立書

生計同一関係にあったことの申立

申立年月日：令和＿＿＿年＿＿月＿＿日　※ この申立書の記入日を記載してください。

私と下記②の者は、下記②の者が亡くなった当時、生計を同じくしていました。

① 請求される方の住所、氏名
　住所 ＿＿＿＿＿＿＿＿＿＿＿＿＿＿＿＿＿＿＿＿＿＿＿＿＿＿
　氏名 ＿＿＿＿＿＿＿＿＿＿＿＿＿＿＿＿＿＿＿＿＿＿＿＿＿＿

② 亡くなった方（被保険者、被保険者であった方）の住所（亡くなった当時）、氏名
　住所 ＿＿＿＿＿＿＿＿＿＿＿＿＿＿＿＿＿＿＿＿＿＿＿＿＿＿
　氏名 ＿＿＿＿＿＿＿＿＿＿＿＿＿＿＿（①との続柄：＿＿＿＿）

上記①・②の方の状況に応じて、次の１、２のいずれか１つに○を付した上で、必要事項を記載してください。

1．①と②は、住民票上は別住所でしたが、実際は同居していました。
　【住民票上、別住所となっている理由を以下に記載してください。】
　＿＿＿＿＿＿＿＿＿＿＿＿＿＿＿＿＿＿＿＿＿＿＿＿＿＿＿＿＿
　＿＿＿＿＿＿＿＿＿＿＿＿＿＿＿＿＿＿＿＿＿＿＿＿＿＿＿＿＿
　＿＿＿＿＿＿＿＿＿＿＿＿＿＿＿＿＿＿＿＿＿＿＿＿＿＿＿＿＿
　＿＿＿＿＿＿＿＿＿＿＿＿＿＿＿＿＿＿＿＿＿＿＿＿＿＿＿＿＿

裏面へ続く

2．①と②は、別居していました。また、住民票上も別住所でした。
　【経済的援助の状況について、以下に記載してください。】

　② （亡くなった方）から①（請求される方）に対する経済的援助（ あり ・ なし ）
　経済的援助の回数（ 年 ・ 月 　約＿＿＿＿＿＿＿回程度）
　経済的援助の金額（ 年 ・ 月 　約＿＿＿＿＿＿＿円程度）
　経済的援助の内容 ＿＿＿＿＿＿＿＿＿＿＿＿＿＿＿＿＿＿＿＿
　＿＿＿＿＿＿＿＿＿＿＿＿＿＿＿＿＿＿＿＿＿＿＿＿＿＿＿＿＿
　＿＿＿＿＿＿＿＿＿＿＿＿＿＿＿＿＿＿＿＿＿＿＿＿＿＿＿＿＿

　◈ 上記の経済的援助が「なし」の場合は、以下に記載してください。
　① （請求される方）から②（亡くなった方）に対する経済的援助（ あり ・ なし ）
　経済的援助の回数（ 年 ・ 月 　約＿＿＿＿＿＿＿回程度）
　経済的援助の金額（ 年 ・ 月 　約＿＿＿＿＿＿＿円程度）
　経済的援助の内容 ＿＿＿＿＿＿＿＿＿＿＿＿＿＿＿＿＿＿＿＿
　＿＿＿＿＿＿＿＿＿＿＿＿＿＿＿＿＿＿＿＿＿＿＿＿＿＿＿＿＿
　＿＿＿＿＿＿＿＿＿＿＿＿＿＿＿＿＿＿＿＿＿＿＿＿＿＿＿＿＿

第三者による証明欄　※ 生計同一関係証明書類を提出している場合は記入不要です。

上記の事実に相違ないことを証明します。
また、私は上記①及び②の者の民法上の三親等内の親族ではありません。

証明年月日：令和＿＿＿年＿＿＿月＿＿＿日　※ 裏面の申立日（記入日）以後に証明してください。
　住所 ＿＿＿＿＿＿＿＿＿＿＿＿＿＿＿＿＿＿＿＿＿＿＿＿＿＿
　氏名 ＿＿＿＿＿＿＿＿＿＿＿　電話番号 ＿＿＿－＿＿＿－＿＿＿

※ 法人（会社、病院、施設等）・個人商店として証明する場合は、所在地・名称及び証明者の役職名と氏名を記入してください。

日本年金機構理事長　様

●事実婚用

| 遺族年金 | 未支給 | 一時金 |

| 事実婚用 | 様式7 |

事実婚関係及び生計同一関係に関する申立書

婚姻の意思及び夫婦として共同生活を営んでいたこと並びに生計同一関係にあったことの申立

申立年月日：令和＿＿＿年＿＿月＿＿日　※ この申立書の記入日を記載してください。

　私と下記②の者は、下記②の者が亡くなった当時、戸籍簿上の婚姻関係にはありませんでしたが、共に婚姻する意思を持って夫婦としての共同生活を営み、生計を同じくしていました。

① 請求される方の住所、氏名
　住所 ＿＿＿＿＿＿＿＿＿＿＿＿＿＿＿＿＿＿＿＿＿＿＿＿＿＿
　氏名 ＿＿＿＿＿＿＿＿＿＿＿＿＿＿＿＿＿＿＿＿＿＿＿＿＿＿

② 亡くなった方（配偶者）の住所（亡くなった当時）、氏名
　住所 ＿＿＿＿＿＿＿＿＿＿＿＿＿＿＿＿＿＿＿＿＿＿＿＿＿＿
　氏名 ＿＿＿＿＿＿＿＿＿＿＿＿＿＿＿＿＿＿＿＿＿＿＿＿＿＿

上記①・②の方の状況に応じて、次の１～３のいずれか１つに○を付した上で、必要事項を記載してください。

1．①と②は、住民票上は別世帯でしたが、住民票上の住所は同一でした。
　【住民票上、別世帯となっていた理由を以下に記載してください。】
　＿＿＿＿＿＿＿＿＿＿＿＿＿＿＿＿＿＿＿＿＿＿＿＿＿＿＿＿＿
　＿＿＿＿＿＿＿＿＿＿＿＿＿＿＿＿＿＿＿＿＿＿＿＿＿＿＿＿＿
　＿＿＿＿＿＿＿＿＿＿＿＿＿＿＿＿＿＿＿＿＿＿＿＿＿＿＿＿＿

2．①と②は、住民票上は別住所でしたが、実際は同居していました。
　【住民票上、別世帯（別住所）となっていた理由を以下に記載してください。】
　＿＿＿＿＿＿＿＿＿＿＿＿＿＿＿＿＿＿＿＿＿＿＿＿＿＿＿＿＿
　＿＿＿＿＿＿＿＿＿＿＿＿＿＿＿＿＿＿＿＿＿＿＿＿＿＿＿＿＿
　＿＿＿＿＿＿＿＿＿＿＿＿＿＿＿＿＿＿＿＿＿＿＿＿＿＿＿＿＿

裏面へ続く

3．①と②は、別居していました。また、住民票上も別住所でした。
（1）別居していた理由を以下に記載してください。
　＿＿＿＿＿＿＿＿＿＿＿＿＿＿＿＿＿＿＿＿＿＿＿＿＿＿＿＿＿
　＿＿＿＿＿＿＿＿＿＿＿＿＿＿＿＿＿＿＿＿＿＿＿＿＿＿＿＿＿
　＿＿＿＿＿＿＿＿＿＿＿＿＿＿＿＿＿＿＿＿＿＿＿＿＿＿＿＿＿

（2）経済的援助の状況について、以下に記載してください。
　② （亡くなった方）から①（請求される方）に対する経済的援助（ あり ・ なし ）
　経済的援助の回数（ 年 ・ 月 　約＿＿＿＿＿＿＿回程度）
　経済的援助の内容 ＿＿＿＿＿＿＿＿＿＿＿＿＿＿＿＿＿＿＿＿

　◈ 上記の経済的援助が「なし」の場合は、以下に記載してください。
　① （請求される方）から②（亡くなった方）に対する経済的援助（ あり ・ なし ）
　経済的援助の回数（ 年 ・ 月 　約＿＿＿＿＿＿＿回程度）
　経済的援助の内容 ＿＿＿＿＿＿＿＿＿＿＿＿＿＿＿＿＿＿＿＿

（3）音信・訪問の状況について、以下の⑦～⑨に記載してください。
　⑦ 音信の手段（ 訪問・電話・メール・その他：＿＿＿＿＿＿＿＿ ）
　⑦ 訪問回数（ 年 ・ 月 ・ 週 ：約＿＿＿＿＿＿＿回程度）
　⑨ 音信・訪問の内容 ＿＿＿＿＿＿＿＿＿＿＿＿＿＿＿＿＿＿＿
　＿＿＿＿＿＿＿＿＿＿＿＿＿＿＿＿＿＿＿＿＿＿＿＿＿＿＿＿＿

第三者による証明欄

上記の事実に相違ないことを証明します。
また、私は上記①及び②の者の民法上の三親等内の親族ではありません。

証明年月日：令和＿＿＿年＿＿＿月＿＿＿日　※ 裏面の申立日（記入日）以後に証明してください。
　住所 ＿＿＿＿＿＿＿＿＿＿＿＿＿＿＿＿＿＿＿＿＿＿＿＿＿＿
　氏名 ＿＿＿＿＿＿＿＿＿＿＿　電話番号 ＿＿＿－＿＿＿－＿＿＿

※ 法人（会社、病院、施設等）・個人商店として証明する場合は、所在地・名称及び証明者の役職名と氏名を記入してください。

日本年金機構理事長　様

■生計維持認定対象者等が配偶者又は子である場合において単身赴任、就学又は単身赴任、就学又は病気療養・介護により住所が住民票上異なっていることを証明する書類等について

事務連絡　令和2年9月4日

　生計維持認定対象者及び生計同一認定対象者（以下「生計維持認定対象者等」という。）が配偶者（事実婚関係にある者を除く。以下同じ。）又は子である場合において、単身赴任、就学又は病気療養等の止むを得ない事情により住所が住民票上異なっているときにおける生計同一に関する認定要件（以下「生計同一認定要件」という。）の認定に際して必要となる提出書類については、平成23年3月23日付け年発0323第1号「生計維持関係等の認定基準及び認定の取扱いについて」（以下「通知」という。）3(1)①ウ(イ)に基づき、通知別表2及び別表4において定められているところである。

　これらの提出書類のうち、通知別表4⑤に掲げる書類の取扱いについては、下記の事項に留意の上、遺漏のなきよう取り扱われたい。

　あわせて、通知に基づく生計同一認定要件の認定に際して受給権者が提出する生計同一関係申立書等（生計同一関係に関する申立書並びに事実婚関係及び生計同一関係に関する申立書をいう。以下同じ。）の様式等に係る改善についても、下記の事項に留意の上、遺漏のなきよう取り扱われたい。

記

1　生計維持認定対象者等が配偶者又は子である場合において単身赴任、就学又は病気療養・介護により住所が住民票上異なっていることを証明する書類等について
　(1)　生計維持認定対象者等が配偶者又は子である場合において、単身赴任、就学又は病気療養・介護により住所が住民票上異なっているときにあっては、それぞれ以下に掲げる書類を通知別表4⑤に掲げる書類として取り扱うことができるものとする。
　　①　単身赴任により、住所が住民票上異なっている場合
　　　辞令の写し、出向命令の写し、単身赴任手当の分かる書類の写し、その他事業主が発行する単身赴任に係る証明書等
　　②就学により、住所が住民票上異なっている場合
　　　学生証の写し、在学証明書、その他学校が発行する就学に関する証明書等
　　③病気療養・介護により、住所が住民票上異なっている場合
　　　入院・入所証明、入院・入所に係る領収証の写し、その他医療機関・介護施設等が発行する入院・入所に係る証明書等
　(2)　生計維持認定対象者等が死亡した者の父母、孫、祖父母、兄弟姉妹又はこれらの者以外の三親等内の親族である場合において住所が住民票上異なっているときは、通知3(1)の②－ウの要件に該当しているかどうかを判断することが必要になるため、(1)の①から③までに掲げる書類のみをもって、通知別表4⑤に掲げる書類として取り扱うことはできないものとする。
2　生計同一関係申立書等の様式等に係る改善について
　　生計同一認定要件の認定に係る受給権者の負担軽減を図る観点から、生計同一関係申立書等の様式等について、以下に掲げる改善を行い、本年10月1日より、改善後の様式や周知用のチラシを活用できるようにすること。
　(1)　生計同一関係申立書等の様式について、別居等の状況に応じて記載すべき事項及び記載が不要な事項が受給権者にとって分かりやすくなるよう、改善を図ること。
　(2)　通知別表2及び別表5の規定により、生計維持認定対象者等が通知3(1)の①－ウ－(ア)、①－

ウー(イ)、②ーウー(ア)及び②ーウー(イ)並びに5(1)の①ーイに該当する場合においては、通知別表4又は別表6に掲げる書類が提出されていれば、第三者証明は不要であるとされている。受給権者にとって当該取扱いが理解しやすいものとなるよう、生計同一関係申立書等の様式を改善するとともに、周知用のチラシを作成・配布することにより、当該取扱いの案内及び周知を推進すること。

(3) (1)及び(2)のほか、受給権者にとって記載しやすいものとする観点等から、生計同一関係申立書等の様式について、必要な改善を図ること。

生計同一関係証明書類等について

◎ 生計同一関係の認定が必要な方が配偶者（事実婚関係にある方を除く）または子である場合

● 以下の⑦〜⑦のいずれかの書類が生計同一関係証明書類となります。

● ⑦〜⑦のいずれかの書類を提出した場合は、「生計同一関係に関する申立書」への第三者証明の記入は不要です。

ケース	生計同一関係証明書類
⑦ 健康保険等の被扶養者になっている場合	健康保険被保険者証等の写し (保険者番号及び記号・番号等を判別、復元できないようマスキング(黒塗り等)してください。)
⑦ 給与計算上、扶養手当等の対象になっている場合	給与簿または賃金台帳等の写し
⑦ 税法上の扶養親族になっている場合	源泉徴収票または課税台帳等の写し
⑦ 定期的に送金がある場合	預金通帳、振込明細書または現金書留封筒等の写し
⑦ 単身赴任による別居の場合	辞令の写し、出向命令の写し、単身赴任手当が分かる証明書の写しなど
⑦ 就学による別居の場合	学生証の写し、在学証明書など
⑦ 病気療養・介護による別居の場合	入院・入所証明、入院・入所に係る領収書等の写しなど
⑦ その他⑦〜⑦に準ずる場合	その事実を証明する書類

◎ 生計同一関係の認定が必要な方が死亡した方の父母、孫、祖父母、兄弟姉妹または三親等内の親族である場合

● 以下の⑦〜⑦のいずれかの書類が生計同一関係証明書類となります。

● ⑦〜⑦のいずれかの書類を提出した場合は、「生計同一関係に関する申立書」への第三者証明の記入は不要です。

ケース	生計同一関係証明書類
⑦ 健康保険等の被扶養者になっている場合	健康保険被保険者証等の写し (保険者番号及び記号・番号等を判別、復元できないようマスキング(黒塗り等)してください。)
⑦ 給与計算上、扶養手当等の対象になっている場合	給与簿または賃金台帳等の写し
⑦ 税法上の扶養親族になっている場合	源泉徴収票または課税台帳等の写し
⑦ 定期的に送金がある場合	預金通帳、振込明細書または現金書留封筒等の写し
⑦ その他⑦〜⑦に準ずる場合	その事実を証明する書類

※ 生計同一関係の認定が必要な方が事実婚関係にある方である場合は、裏面をご覧ください。

◎生計同一関係の認定が必要な方が事実婚関係にある方である場合

● 事実婚関係にある方の場合、事実婚関係及び生計同一関係の認定が必要です。

● 以下の㋐～㋕のいずれかの書類が事実婚関係・生計同一関係証明書類となります。

● ㋐～㋕のいずれかの書類を提出した場合でも、<u>「事実婚関係及び生計同一関係に関する申立書」への第三者証明の記入が必要です。</u>

　※ ただし、住民票上は別世帯だが、住民票上の住所は同一である場合において、㋐～㋕のいずれかの書類を提出した場合は、「事実婚関係及び生計同一関係に関する申立書」への第三者証明の記入は不要です。

ケース	事実婚関係・生計同一関係証明書類
㋐ 健康保険等の被扶養者になっている場合	健康保険被保険者証等の写し (保険者番号及び記号・番号等を判別、復元できないようマスキング(黒塗り等)してください。)
㋑ 給与計算上、扶養手当等の対象になっている場合	給与簿または賃金台帳等の写し
㋒ 同一人の死亡について、他制度から遺族給付が行われている場合	他制度の遺族年金証書等の写し
㋓ 事実婚関係にある当事者間の挙式、披露宴等が1年以内に行われている場合	結婚式場等の証明書または挙式・披露宴等の実施を証する書類
㋔ 葬儀の喪主になっている場合	葬儀を主催したことを証する書類（会葬御礼の写し等）
㋕その他㋐～㋔のいずれにも該当しない場合	その他内縁関係の事実を証する書類 ・連名の郵便物 ・公共料金の領収書 ・生命保険の保険証 ・未納分の税の領収証 ・賃貸借契約書の写し　など複数点

■DV被害者に係る遺族年金等の生計同一認定要件の判断について

年管管発0901第1号 令和3年9月1日

　生計同一に関する認定要件（以下「生計同一認定要件」という。）については、「生計維持関係等の認定基準及び認定の取扱いについて」（平成23年3月23日年発0323第1号。以下「平成23年通知」という。）により取り扱われている。

　また、配偶者からの暴力（以下「DV」という。）の被害者の場合、DVを避けるために一時的な別居が必要になる場合があることから、裁判例を踏まえつつ、DV被害者に係る遺族年金等の生計同一認定要件の判断に当たっての留意事項について、「DV被害者に係る遺族年金等の生計同一認定要件の判断について」（令和元年10月3日厚生労働省年金局事業管理課長事務連絡。以下「令和元年10月事務連絡」という。）のとおり、示したところである。

　今般、令和元年10月事務連絡の内容に基づくとともに、令和元年10月事務連絡後の裁判例及び認定事例を踏まえつつ、平成23年通知1(1)ただし書及び3(1)①ウ(イ)に則り、下記のとおり、DV被害者に係る遺族年金等の生計同一認定要件の判断に当たっての留意事項を定め、令和3年10月1日から適用することとしたので通知する。

　なお、本通知の適用に伴い、令和元年10月事務連絡は、令和3年9月30日をもって廃止する。

記

1　被保険者等の死亡時において以下の①から⑤までのいずれかに該当するために被保険者等と住民票上の住所を異にしている者については、DV被害者であるという事情を勘案して、被保険者等の死亡時という一時点の事情のみならず、別居期間の長短、別居の原因やその解消の可能性、経済的な援助の有無や定期的な音信・訪問の有無等を総合的に考慮して、平成23年通知3(1)①ウ(イ)に該当するかどうかを判断する。

① 配偶者からの暴力の防止及び被害者の保護等に関する法律（平成13年法律第31号。以下「DV防止法」という。）に基づき裁判所が行う保護命令に係るDV被害者であること。

② 婦人相談所、民間シェルター、母子生活支援施設等において一時保護されているDV被害者であること。

③ DVからの保護を受けるために、婦人保護施設、母子生活支援施設等に入所しているDV被害者であること。

④ DVを契機として、秘密保持のために基礎年金番号が変更されているDV被害者であること。

⑤ 公的機関その他これに準ずる支援機関が発行する証明書等を通じて、①から④までの者に準ずると認められるDV被害者であること。

2　1の①、②、③及び⑤に該当するかどうかについては、裁判所が発行する保護命令に係る証明書、配偶者からの暴力の被害者の保護に関する証明書（「配偶者からの暴力を受けた者に係る国民年金、厚生年金保険及び船員保険における秘密の保持の配慮について」（平成19年2月21日庁保険発第0221001号）の別紙1をいう。）、住民基本台帳事務における支援措置申出書（相談機関等の意見等によってDV被害者であることが証明されているものに限る。）の写し又は公的機関その他これに準ずる支援機関が発行する証明書を通じて、確認を行う。なお、1の④に該当する場合は、証明書を通じた確認は不要とする。

3　DV被害に関わり得る場合であっても、一時的な別居状態を超えて、消費生活上の家計を異にする状態（経済的な援助も、音信も訪問もない状態）が長期間（おおむね5年を超える期間）継続し固定化しているような場合については、原則として、平成23年通知3(1)①ウ(イ)に該当して

いないものとして取り扱う。ただし、長期間（おおむね5年を超える期間）となった別居期間において、経済的な援助又は音信や訪問が行われている状態に準ずる状態であると認められる場合には、この限りではない。

4　1から3までの規定により生計同一認定要件の判断を行うことが実態と著しく懸け離れたものとなり、かつ、社会通念上妥当性を欠くこととなる場合にあっては、1から3までの規定にかかわらず、当該個別事案における個別の事情を総合的に考慮して、被保険者等の死亡の当時その者と生計を同じくしていたかどうかを個別に判断する。

疑義照会

短期要件による遺族厚生年金について

厚生年金保険法第58条、旧厚生年金保険法第52条、厚生年金保険法昭和60年改正法附則第72条、昭和61年経過措置政令第88条

【疑義内容】

3級の障害年金受給権者（3級不該当により支給停止となっているものを除く）が死亡した場合、直接死因の傷病と相当因果関係にあるときには、2級の障害の程度にあったものとみなし、短期要件の遺族厚生年金が発生するものと取り扱っていますが、本来であれば3級の障害厚生年金受給権者が1級又は2級の障害厚生年金の受給権を取得するためには、65歳に達する日の前日までに改定請求を行うことが必要であるものを、死亡の原因傷病と障害厚生年金受給の原因傷病との間に相当因果関係があるときには、請求行為を行なったものとして取り扱っています。このため65歳以後に死亡した場合は、短期要件の遺族厚生年金は発生しないとされています。しかし、旧厚生年金保険法第52条第2項（改定請求）にはこのような年齢制限の規定はありません。旧法の障害年金受給者が死亡した場合も同じ取扱いとなりますか。

【回答】

障害厚生年金又は旧厚生年金保険法の障害年金の3級の受給権者の死亡の場合、障害基礎年金の受給権の有無や死亡時の年齢等にかかわらず、直接死因の傷病と障害厚生年金又は旧厚生年金保険法の障害年金の傷病に相当因果関係があると認められるときは、死亡時において障害等級1級又は2級の状態にあることが確認できれば、短期要件による遺族厚生年金の支給を行うことができるものとして取り扱ってください。

障害厚生年金1、2級の受給権者の死亡により遺族厚生年金が支給されるが、遺族基礎年金の支給要件を満たさない場合の遺族厚生年金への加算額について

国民年金法第37条、厚生年金保険法第58条、第59条、第60条、昭和60年改正法附則第74条

【疑義内容】

＜事例＞死亡者：障害等級1級の障害厚生年金（平成23年10月9日受給権発生）受給中の男性昭和36年10月15日生まれ死亡年月日平成24年2月8日国民年金加入中の死亡遺族年金請求者：妻昭和45年2月2日生まれ18歳到達後の最初の3月31日が未到来の子2人あり厚生年金保険法第58条第1項第3号の規定により、請求者に遺族厚生年金（短期要件）の受給権が発生します。一方、未納・未加入期間があり、国民年金法第37条各項のいずれの要件も満たしていないため、遺族基礎年金の受給権は発生しないと思われます。遺族基礎年金の支給要件を満たさず、遺族基礎年金の受給権が発生しない場合、昭和60年改正法附則第74条の規定に基づき、遺族厚生年金に遺族基礎年金相当額の加算が行われるということでよろしいかご教示願います。

【回答】

遺族基礎年金の受給権がない子のある妻または子について、遺族基礎年金相当額が加算された遺族

厚生年金が支給されるのは、昭和60年改正法附則第74条に「(略) 当該厚生年金保険の被保険者又は被保険者であった者の死亡につきその妻 (子) が遺族基礎年金の受給権を取得しないとき」と規定されています。本件は、国民年金法第37条の遺族基礎年金の支給要件のいずれにも該当しないため、遺族基礎年金の受給権は発生しません。よって、「遺族基礎年金の受給権を取得しないとき」に該当することから遺族基礎年金相当額が加算された遺族厚生年金が支給されます。

遺族基礎年金受給権者と親権の無い父 (母) との生計維持関係の認定について

国民年金法第41条第2項
【疑義内容】
　子に対する遺族基礎年金は、「生計を同じくする父母があるときは、その間、支給停止する」とされていますが、生計を同じくする父母に、未成年後見人となっている親権の無い父母は含まれるのでしょうか。子の母の死亡当時、子に対する親権を行う方がいませんでした。母の死後に認知及び親権を申立てした父は、裁判所においては親権が認められず未成年後見人とされましたが、生計を同じくしていたとの申出がありました。この場合、未成年後見人である父との間の生計同一の申出を認め、遺族基礎年金を支給停止とする措置は妥当でしょうか。
【回答】
　国民年金法第41条第2項に規定する「その子の父若しくは母」については、親権者でない父又は母を除くという規定はありません。また、親権者ではなくても認知が認められれば父と子の出生に遡って親子関係は認められます。本件については、認知によりその子の父に該当する場合、生計を同じくする間は遺族基礎年金が支給停止となります。

養子縁組していた養父母 (祖父母) が死亡したが、実父母と住民票上同居する場合の遺族基礎年金支給停止について

国民年金法第37条、第41条第2項、国民年金法施行規則第45条
【疑義内容】
　<事例>請求者は、生後間もなく祖父母の養子となりましたが、住民票上の住所は実父母の住民票と世帯同一のままでした。養父 (祖父) の死亡により、養子となっていた子 (孫) が遺族基礎年金及び遺族厚生年金の請求を行ったところ、遺族基礎年金は養母 (祖母) がいるために支給停止、遺族厚生年金は支給決定されました。その後、養母 (祖母) も死亡したため、遺族基礎年金支給停止事由消滅届が提出されました。なお、養父母 (祖父母) の死亡後に実父母が未成年後見人となっています。請求者の生活費・教育費等は、生前全て養父母 (祖父母) から支出されていましたが、実父母からの生計上の寄与がなく、養父母 (祖父母) からの遺産等によりその生活が独立していると認められるものであれば、支給停止は解除されますか。あるいは実父母が請求者の生活等を管理・後見している場合も生計の同一とみなし支給停止となるのか、ご教示願います。
【回答】
　本件のように、実父母と住民票上同一世帯に属しているときは、生計を同じくする者に該当します。基本的に親と一緒にいるときはその父、母によって生計を維持しているものと考えられるため、

遺族基礎年金の支給を行う必要性が低く、支給停止としています。したがって、遺族基礎年金については、養母（祖母）が死亡した後、実父母と生計を同じくするため、支給が停止されます。

生計維持関係の認定における「第三者の証明書」の第三者の範囲について

平成23年3月23日年発0323第1号

【疑義内容】

生計維持関係等の認定基準につきましては、「生計維持関係等の認定基準及び認定の取扱いについて」（平成23年3月23日年発0323第1号）にて示されているところですが、第三者の証明書の第三者については「民生委員…隣人等であって、受給権者、生計維持認定対象者及び生計同一認定対象者の民法上の三親等内の親族は含まない。」とあります。未支給請求に際して、請求者の内縁の妻が「三親等内の親族以外者」として第三者の証明書の第三者として認められるのかどうか照会します。

【回答】

第三者の範囲を三親等内の親族以外とした趣旨は、近親間で利害関係があると推測される者を除外し、証明事項の信憑性を担保するとともに、これまで曖昧であった「第三者」の範囲を統一することにあります。第三者の範囲については、通知上の取扱いである「民法上の三親等内の親族以外」を厳格に適用するものとし、内縁の妻は親族ではないため、第三者の証明書の第三者として認めています。

戸籍上の妻及び内縁の妻の子からの遺族年金請求について

厚生年金保険法第66条第2項、国民年金法第41条第2項

【疑義内容】

被保険者死亡により、戸籍上の妻（18歳未満の子なし）から遺族厚生年金の請求があり、支給決定しました。しかし、その後内縁の妻及び内縁の妻の子から遺族基礎・遺族厚生年金の請求書が提出されました。被保険者は死亡時まで離島で勤務しており、死亡時の住民票は本妻と同一世帯でしたが、実際には本妻とは別居定期的な送金、音信、訪問が行われていました。内縁の妻と子については、被保険者とは住民票は別（内縁の妻と子は同一住所）になっていましたが、生計維持関係があったとの申立書、その他関係書類を添えて遺族裁定請求書を提出しています。この場合、戸籍上の妻に支給決定し内縁の妻の子を不支給とすべきでしょうか。それとも、戸籍上の妻を支給停止にして内縁の妻の子に支給するべきでしょうか。

【回答】

厚生年金保険法第66条第2項上の「子」については、被保険者又は被保険者であった者の「子」を指しており、戸籍上の妻の子、内縁の妻の子の区分けはありません。したがって、本件の場合、内縁の妻の子に遺族厚生年金を支給することになります（母親と同居のため、遺族基礎年金は支給停止）。

死亡後に国民年金の保険料が充当された場合の納付要件・支給金額について

昭和40年6月7日庁文発第4542号

【疑義内容】

寡婦・死亡一時金・遺族年金の納付要件を確認する際には、死亡日の前日までに納付している月を合算することになります。下記の事例のように死亡後に厚生年金保険期間が判明し、統合した結果、国民年金納付済期間と重複しているため還付が発生し、未納期間へ充当処理となった場合、この充当期間は納付要件・支給金額を計算する際に保険料納付済期間に含めるかご教示願います。

＜事例＞

被保険者死亡平成23年3月12日厚生年金期間判明・統合平成23年4月14日（昭和53年2月～4月の3ヵ月）国年保険料還付・充当決議平成23年4月15日（平成21年7月～10月の3/4免除期間へ充当）「国民年金保険料に係る還付金等の充当について」（昭和40年6月7日庁文発第4542号）には「充当があった場合には、還付金等が生じた時にその充当した還付金等に相当する額の保険料の納付があったこととみなす」とありますが、還付金等が生じた時とは、過誤納調査決定日と考えてよいでしょうか。

【回答】

当該通知内の「還付金等が生じた時」というのは、過誤納調査決定日ではなく、厚生年金保険期間が統合された日となります。そのため、照会の充当済期間については、納付要件・支給金額を計算する際に保険料納付済期間に含めることはできません。

行方不明者に係る死亡一時金請求における生計同一認定について

【疑義内容】

平成18年○月○日から行方不明になっていた方が、平成23年○月○日に遺体で発見されたため、遺族から死亡一時金の請求がありました。

・死亡者は平成18年○月○日から行方不明。

・平成23年○月○日に白骨化した遺体となって発見。

・請求者は、行方不明当時、別居していた長男。

死亡一時金の請求について、戸籍、住民票ともに死亡年月日不詳の場合には遺体発見日をもって死亡日とする取扱いです。また生計同一の認定にあたっては、死亡年月日が失踪宣告の場合ではない行方不明中の死亡の場合には、死亡の当時（遺体発見日）の生計同一を判断することになります。行方不明後も生計を同じくしているとは通常では考えられないと思いますが、今回の請求者については、死亡者が行方不明当時から遺体が発見されるまでの間、国民健康保険料を払い続けていました。国民年金法第52条の3第1項により「死亡一時金を受けることができる遺族は…その者の死亡の当時その者と生計を同じくしていたもの…」とされており、年給指2011-115には、「いずれか片方でも経済的援助の実態が認められる場合には、生計同一関係にあるものとして認められます。」とあります。以上のことより、死亡一時金の支払は可能と考えてよいでしょうか。

【回答】

本件については、生計を同じくするものとして認められないため、死亡一時金を支給することはできません。

死亡一時金の請求について

【疑義内容】

昭和39年6月21日に遺書を残して行方不明になった者の家族が生存を信じて国民年金保険料を納付していたが、今回、失踪宣告の届出をした結果、「死亡とみなされる日：昭和46年6月21日」

「失踪宣告の裁判確定日：平成19年9月29日」と戸籍に記載された。この場合の死亡一時金の請求の可否と可の場合の死亡一時金の金額は。

　　＜事務局の見解＞時効起算は、失踪宣告の裁判確定日から2年と考えられることから死亡一時金の請求は可能。この場合の死亡一時金の決定金額は、死亡とみなされる日が受給権発生日となることから、死亡とみなされる日現在の金額で決定することとなる。

　【回答】
　当事例の場合、死亡一時金の消滅時効は、失踪宣告により死亡とみなされた日（昭和46年6月21日）の翌日から進行することとなります。また、受給者が行方不明になり、生死が7年間明らかでなければ、残された遺族（利害関係人）は何時でも失踪の宣告の手続きをすることができます。しかしながら、死亡一時金については、いわゆる掛け捨て防止の考え方に立って、一定期間加入したが、年金給付を受けることなく亡くなった方に対して一定の金額を支給するものであることを踏まえ、失踪宣告の審判の確定日の翌日から2年以内に死亡一時金の請求があった場合は、個別に死亡一時金の支給の可否を判断することとなります。なお、死亡とみなされる日が平成19年7月7日以降の場合、失踪宣告の審判の確定日の翌日から2年以内に死亡一時金の請求があった場合は、時効を援用せず死亡一時金を支給することとします。また、死亡とみなされる日が死亡一時金の受給権発生日となることから、その金額は、死亡とみなされる日現在の金額で決定することとなります。

未支給年金請求の可否について

　　国民年金法第19条、民法第727条、第809条
　【疑義内容】
　下記事例において、未支給年金を請求できる孫にあたるかご教示願います。
　＜事例＞受給者A子（平成23年死亡）A子の養子B男（昭和62年死亡）B男の養子C子
　A子とB男の養子縁組日昭和48年7月9日、B男とC子の養子縁組日昭和48年7月10日
　今回、受給者A子が死亡したことにより、未支給年金の相談がC子よりありました。
　【回答】
　本件については、C子は、A子からすればB男の子、すなわち孫としての身分を有しているため、未支給請求者の範囲に含まれます。

　　＜参考＞養子は縁組の日から養親の嫡出子たる身分を取得する（民法第809条）。養子縁組によって、養親と養子との間で親子関係が発生することは当然であるが、さらに養子と養親の血族との間にも法定血族関係が発生する（民法第727条）。「嫡出子たる身分」の取得とは、父母の婚姻中に出生した子と同じ地位を取得するとの趣旨であるが、その身分を取得する時期は縁組が効力を生ずる時である。なお、縁組後に出生した養子の子は、養親からすれば自分の子の子という扱いになる（大判昭19.6.22）

未支給請求者の範囲について

　　国民年金法第19条、厚生年金保険法第37条、民法第727条、第887条
　【疑義内容】
　国民年金法第19条及び厚生年金保険法第37条では、年金給付の受給権者が死亡した場合において、その死亡した者に支給すべき年金給付でまだその者に支給しなかったものがあるときは、その者

の配偶者、子、父母、孫、祖父母又は兄弟姉妹であって、その者の死亡の当時その者と生計を同じくしていたものは、自己の名で、その未支給の年金を請求することができるとされています。そこで、次の場合に未支給請求者となり得るかご教示願います。

　＜事例＞平成22年10月18日死亡した年金受給権者に、養子縁組した子の実子（いわゆる孫）がいて、年金受給権者が死亡当時、その者と一緒に住んでおり、生計同一でした。しかし、上記受給権者とその子の養子縁組した日が平成21年1月13日であり、養子縁組した子の実子（いわゆる孫）の生年月日は、昭和30年2月13日であり、養子縁組する前に生まれている子です。民法第727条【縁組による親族関係の発生】によると、養子と養親及びその血族との間においては、養子縁組の日から、血族間におけるのと同一の親族関係を生ずる。とあり、また民法第809条【嫡出子の身分の取得】において、養子は、縁組の日から、養親の嫡出子の身分を取得する。また、ただし、養子縁組前において、養子に子供がいた場合、養子の子と養親とは親族関係は生じない。とされており、養子縁組前に生まれている子については、親族関係は生じないとされているため、国民年金法第19条及び厚生年金保険法第37条に規定されている孫にあたるかあたらないかにつきまして、ご教示願います。

【回答】

　養子縁組による親族関係の発生等については、民法第727条及び第809条に規定されていますが、判例において、「普通養子に縁組前の子があるときは、その子は養親との間に血族間におけると同一の親族関係を生じない。すなわち縁組前の養子の直系卑属は、養親との間に血族関係を生じない」としています（大判昭和7・5・11民集11・1062）。よって、国民年金法第19条第1項及び厚生年金保険法第37条第1項に規定する孫には該当しません。

数次縁組（転縁組）に係る未支給（年金・保険）について

　厚生年金保険法第37条、国民年金法第19条、国民年金法施行規則第25条

【疑義内容】

　厚生年金保険法第37条、国民年金法第19条において、未支給（年金・保険）の対象となる遺族の範囲は規定されていますが、養子縁組が解消されない状態のまま、養子が更に他の養子となった場合（数次縁組（転縁組））、その前に養子縁組していた養父母が死亡したときは、養子は未支給（年金・保険）の対象となる遺族となり請求できるのかご教示願います。

【回答】

　転縁組が普通養子縁組であるときは、その成立後も、従前の養子縁組について、離縁しない限り養親と養子の関係に変動はなく、未支給を受けることができる遺族の範囲に該当します。

同順位者の未支給年金請求について

　厚生年金保険法第37条、国民年金法第19条、国民年金法施行規則第25条

【疑義内容】

　同順位者の未支給年金請求について、照会します。母親の死亡のため、長男からの請求により未支給年金支払の処理を進めていました。しかし、三男からも請求があったため、同順位者が請求済として返戻したところ、「同居し認知症のある母親の生活の面倒をみてきたのは自分である。」として異議申立がありました。双方に再度それぞれ未支給請求書を返戻し、請求者を統一するための話合いを行っていただくようお願いしましたが、話合いは行われることなくそれぞれから再度請求書が提出されました。請求者をいずれか一方にしていただくよう依頼していますが、兄弟間で話合いができない

状態のため、支給決定が行えない状況です。

【回答】

　本件は、生計同一が確認できる同順位の２人からの請求であることから、生計同一が確認できた場合は、先に申請した長男からの請求を同順位である他の方からの請求を含む全員のための請求とみなし、支給決定して差し支えないと判断します。

相続人に係る未支給年金の請求について

　国民年金法第19条、第24条、国民年金法施行規則第25条、厚生年金保険法第37条、第41条、厚生年金保険法施行規則第42条、民法第887条、第896条

【疑義内容】

　死亡した受給権者と生計同一のない相続人について、未支給年金の請求は可能ですか。

　＜事例＞年金受給者Ａの死亡により、生計同一関係のある子Ｂが未支給年金請求権者として生存していましたが、未支給年金請求前に子Ｂも死亡しました。Ｂの子供であるＣ（Ｂの相続人）にＡと生計同一関係があれば次順位者として未支給請求者となりますが、今回の場合、ＣとＡには生計同一関係はありません。Ｃの主張としては、Ｂが未支給年金請求前に死亡した場合、未支給年金請求権の移転（いわゆる次順位者への転給）に関する規定、条文等が無い以上、Ｂが死亡した後は、生計同一関係の有無にかかわらず民法第887条によりＢの相続人であるＣに未支給年金請求権が移転するのが相当ではないかとのことです。

【回答】

　国民年金法第19条、厚生年金保険法第37条の規定により、国民年金、厚生年金保険の年金の受給権者が死亡したとき、その死亡した者に支給する給付で、まだ支給されていないものがある場合は、その者の配偶者・子・父母・孫・祖父母・兄弟姉妹で、受給権者が死亡した当時に受給権者と生計同一であった方が、自己の名で未支給となっている給付の支給を請求できます。また、国民年金法第24条、厚生年金保険法第41条の規定により、給付を受ける権利は、一身専属のものであり、遺産相続の対象にはなりません。したがって、本件については、Ｃは自己の名で未支給年金を請求することはできますが、ＣとＡに生計同一関係がないことから、未支給年金を支給することはできません。

老齢基礎（厚生）年金受給権者を故意に死亡させた者への未支給年金の支給について

　国民年金法第19条、第71条、厚生年金保険法第37条、第73条の2、第76条

【疑義内容】

　妻が老齢基礎（厚生）年金受給権者である夫を故意に死亡させた場合、厚生年金保険法第76条に該当するため遺族厚生年金の支給は行われませんが、未支給年金についても、同法第73条の2により同様に取り扱ってよいでしょうか。また、その場合には、次順位者である子に支給してもよいでしょうか。

【回答】

　国民年金法第71条及び厚生年金保険法第76条において、故意に被保険者を死亡させた場合は、遺族基礎年金、遺族厚生年金は支給しないと規定されています。未支給年金と未支給の保険給付は、保険給付の制限の対象となっていないことから、国民年金法第19条及び厚生年金保険法第37条に

より生計同一関係が確認できれば、故意に被保険者を死亡させた者であっても支給されます。したがって、本件の未支給年金は、子ではなく先順位者である夫を故意に死亡させた妻に支給されます。

特別失踪者における未支給年金請求について

厚生年金保険法第37条、国民年金法第19条、国民年金法施行規則第25条、民法第30条、第31条

【疑義内容】

乗船業務を生業とし、勤務のため乗船し、出航翌日に海難事故により行方知れずとなり、事故3日後に捜索を打ち切られた方が、特別失踪宣告を受けた場合の未支給年金の取扱いについてお伺いします。本件の場合、死亡したとみなされるのは「危難の去りたる時」となるので、行方不明になってから死亡とみなされるまでが短期間のため、未支給の要件である「生計同一」があると取り扱ってよいでしょうか。また、遺族厚生年金については事故報告に基づき死亡推定にて支給決定が行われています。未支給年金についても海難事故による失踪の場合、事故日を死亡日と取り扱ってよいかお伺いします。

【回答】

国民年金法第18条の2の規定では、「船舶が沈没し、転覆し、滅失し、若しくは行方不明となった際現にその船舶に乗っていた者若しくは船舶に乗っていてその船舶の航行中に行方不明となった者の生死が3箇月間分らない場合又はこれらの者の死亡が3箇月以内に明らかとなり、かつ、その死亡の時期が分らない場合には、死亡を支給事由とする給付の支給に関する規定の適用については、その船舶が沈没し、転覆し、滅失し、若しくは行方不明となった日又はその者が行方不明となった日に、その者は、死亡したものと推定する。」としていますが、同法第18条の3の規定では、失踪の宣告を受けたことにより死亡したとみなされた者に係る死亡を支給事由とする給付の支給に関する規定の適用については、第37条、第37条の2、第49条第1項、第52条の2第1項及び第52条の3第1項中「死亡日」とあるのは「行方不明となった日」とし、「死亡の当時」とあるのは「行方不明となった当時」とする。」としており、同法第19条については含まれていません。また、厚生年金保険法第59条の2の規定では、「船舶が沈没し、転覆し、滅失し、若しくは行方不明となった際現にその船舶に乗っていた被保険者若しくは被保険者であった者若しくは船舶に乗っていてその船舶の航行中に行方不明となった被保険者若しくは被保険者であった者の生死が3月間わからない場合又はこれらの者の死亡が3月以内に明らかとなり、かつ、その死亡の時期がわからない場合には、遺族厚生年金の支給に関する規定の適用については、その船舶が沈没し、転覆し、滅失し、若しくは行方不明となった日又はその者が行方不明となった日に、その者は、死亡したものと推定する。」としており、同法第37条については含まれていません。よって、本件の死亡日は、民法第31条の規定による「その危難が去った時」となり、死亡日に生計を同じくしていなければ未支給年金は支給されません。

死亡推定日から長期間経過後に失踪宣告を受けた場合の遺族年金の消滅時効について

国民年金法第102条第1項、民法第166条第1項、民法第30条

【疑義内容】

平成3年6月に行方不明になった者の家族が、生存を信じてその者の国民年金保険料を納付してい

たが、今回、失踪宣告の請求をした結果、「死亡とみなされる日：平成10年6月27日」「失踪宣告の裁判確定日：平成22年8月11日」と戸籍に記載された。この者の加入年金制度は国民年金のみであり、行方不明当時、この者に生計を維持されていた妻と9歳の子がおり、遺族基礎年金の支給要件を満たしていた。平成10年当時に失踪宣告の請求をしていれば遺族基礎年金が平成10年7月分から平成13年3月分まで支給されるはずであったが、生存を信じて失踪宣告の請求が遅くなったことにより死亡とみなされる日から5年が経過した現在では支分権が消滅しているため遺族基礎年金の支給はされないのか。

【回答】

「権利を行使することができる時」とは、権利を行使するのに法律上の障害がなくなった時であり、権利者の一身上の都合で権利を行使できないことや権利行使に事実上の障害があることは影響しません。当事例の場合、行方不明になった日から7年を経過した時点において、失踪宣告の手続きを行い、その審判が確定した後に、遺族基礎年金の請求は可能であるため、失踪宣告の審判の確定がないことを「法律上の障害」とすることはできません。したがって、当事例は、失踪宣告により死亡とみなされた日（平成10年6月27日）の翌日から時効が進行しており、平成10年7月分から平成13年3月分の遺族基礎年金を支給することはできないと考えます。

遺族厚生年金の納付要件における失踪宣告による死亡日の取扱いについて

厚生年金保険法第58条第1項、国民年金法第18条の3、国民年金法第37条

【疑義内容】

遺族厚生年金の納付要件を判定する対象期間は、原則として死亡日の属する月の前々月までの国民年金の被保険者期間となりますが、普通失踪で失踪宣告による死亡の場合、行方不明から7年を経過した日を死亡日として納付要件を判定してよいでしょうか。なお、遺族基礎年金の納付要件の判定においては、死亡日を行方不明となった日とする読み替え規定があります。

【回答】

失踪宣告を受けた場合の死亡を支給事由とする国民年金法、厚生年金保険法の給付について、生計維持関係を確認する日として、「死亡の当時」とあるのは、「行方不明となった当時」と読み替えることとされています。（国民年金法第18条の3、厚生年金保険法第59条第1項）一方、納付要件を確認する日については、国民年金法に、「死亡日」を「行方不明となった日」と読み替える規定があります。（国民年金法第18条の3）厚生年金保険法も同様に取り扱ってください。

（参考）旧厚生年金保険法の失踪宣告を受けた場合の遺族年金の支給要件は、「通算年金通則法第4条第1項各号に掲げる期間を合算した期間が6ヵ月以上である被保険者（失踪の宣告を受けた被保険者であった者であって、行方不明となった当時被保険者であった者を含む。）が死亡したとき。」（旧厚生年金保険法第58条第1項第2号）と規定されており、6ヵ月の納付要件を見る日は、行方不明前において判断することとされています。

【解説書「失踪により常識的に被保険者資格を喪失するが、この場合に行方不明前に6ヵ月の被保険者期間があればよい。」（厚生年金保険法全訂社会保障関係法1有泉亨中野徹雄）

海外居住者　死亡における戸籍に記載のない子からの遺族年金請求について

国民年金法第37条、第37条の2、厚生年金保険法第59条

【疑義内容】

　亡夫が日本人で、フィリピン在住中に死亡されました。遺族年金請求者は妻で、フィリピン人です（フィリピン在住）。また、18歳未満の子が2人います。フィリピンでの結婚証明書、出生証明書により、死亡者の妻と子であることの確認は取れています。日本の戸籍には、妻は夫の死亡後登録済みですが、子は出生後3ヵ月以内に届出がないと登録できないため、日本の戸籍には未登録の状態です。このまま遺族の子との範囲と認めてよいか伺います。なお、子はフィリピン国籍で、自宅が領事館から遠かったうえ、日本国籍を届け出る意識もなかったため、日本領事館には出生届を提出しなかったとのことです。

【回答】

　本件については、死亡者の除籍謄本では親子関係の確認ができないため、死亡者の妻と子の国籍のある国の公的機関が発行した結婚証明書、出生証明書などを取得して親子関係を確認してください。

大正4年生まれの者の船員保険1ヵ月が年金に反映するかどうかについて

厚生年金保険法昭和60年改正法附則第47条、第72条、昭和61年経過措置政令第88条第1項

【疑義内容】

　大正4年生まれで船員保険期間を1ヵ月有する者について、本人の通算老齢年金（船員）は発生しないが、死亡により妻が新法遺族厚生年金（通算老齢年金相当）を受給しているときは、船員保険期間は遺族年金に反映するのでしょうか。昭和60年改正法附則第72条第1項に規定する政令（措置令88条1項7号）に船員保険の被保険者であった期間が1年以上あり……とありますので、遺族年金の追加の対象にはならないと思います。

【回答】

　本件は、1ヵ月の船員保険の被保険者期間を有する旧厚生年金保険法による通算老齢年金の受給権者の死亡による遺族厚生年金の額に、1ヵ月の船員保険の被保険者期間が反映するのかについて照会があったものです。旧厚生年金保険法による通算老齢年金の受給権者の死亡による遺族厚生年金については、昭和60年改正法附則第72条第1項並びに昭和61年経過措置政令第88条第1項第5号及び同条第3項により支給されます。また、同法附則第47条により昭和61年3月以前の船員保険の被保険者であった期間は厚生年金保険の被保険者であった期間とみなされ、遺族厚生年金の年金額の計算の基礎とされます。遺族厚生年金の年金額については、厚生年金保険法第60条第1項第1号により、死亡した者の厚生年金保険の被保険者期間を基礎として計算することから、1ヵ月の船員保険の被保険者期間を含めた遺族厚生年金として裁定することになります。

日本年金機構
Japan Pension Service

【国民年金】【厚生年金保険】【船員保険】
遺族年金の請求手続きのご案内

＿＿＿＿＿＿＿＿＿ 様の年金請求書には、次の○印の書類を添付してください。

相談受付　令和　　年　　月　　日　担当者名

項番	添付書類	対象	提出前にご確認を
1	基礎年金番号通知書 年金手帳等の基礎年金番号を明らかにすることができる書類 ｝いずれかの書類のコピー	死亡された方　請求者	☑
2	年金証書・恩給証書（受給権があるものすべて）のコピー	死亡された方　請求者	☑
3	戸籍全部事項証明書（戸籍謄本） 戸籍一部事項証明書（戸籍抄本）｝死亡された日以降のもので筆頭者・続柄・変更事項のあるもの 法定相続情報一覧図	死亡された方　請求者	☑
4	住民票（世帯主・続柄・変更事項の記載のあるもの） （平成・令和　　年　　月　　日以降のもの）	請求者　　世帯全員	☑
5	住民票の除票 （死亡された日以降のもので世帯主・続柄・変更事項のあるもの）	死亡された方	☑
6	所得証明書・課税（非課税）証明書 （平成・令和　　年度〔平成・令和　　年1月から12月までの所得〕）	請求者　　　子	☑
7	市区町村長に提出した死亡診断書 　　　　　　　　（死体検案書）のコピー ｝いずれかの書類 死亡届の記載事項証明書	死亡された方	☑
8	請求者名義の預金（貯金）通帳 ｝いずれかの書類のコピー 請求者名義のキャッシュカード ＊貯蓄口座では年金の受け取りができません。	請求者	☑
9	未支給年金・未支払給付金請求書	―	☑
10	学生証 ｝いずれかの書類のコピー 在学証明書	請求者　　　子	☑
11	健康保険被保険者証・共済組合員証 のコピー ＊扶養者・被扶養者を確認できるもの ＊被保険者証等に記載された保険者番号および記号・番号等を判別、復元できないようマスキング（黒塗り等）してください。	死亡された方 請求者　　　子	☑
12	その他に必要な書類 　ア　医師の診断書・レントゲンフィルム・身体障害者手帳 　イ　「第三者行為事故状況届」・「交通事故証明書」 　ウ　「加算額・加給年金額対象者不該当届」 　エ　その他（　　　　　　　　　　　　　　　　　　　　　　）		

提出時期　令和　　年　　月　　日　以降

手続きの際の注意事項
■代理人の方が相談にお越しになるときは、「委任状」のほか、代理人の方のご本人確認のため運転免許証などをご用意ください。
■添付書類は、「コピー」と記載されているもの以外は、原本を添付してください。
■戸籍謄本、住民票等（年金請求等に用いることを目的として交付されたものを除きます。）の原本については、原本を提出したお客様から原本返却のお申出があった場合、職員がそのコピーを取らせていただいたうえで、お返しいたします。（第三者証明、診断書等、原本返却できない書類もあります。）
■個人番号（マイナンバー）をご記入いただくことにより、ご本人の生年月日に関する書類（戸籍抄本等）の添付を省略できます。また、マイナンバーについては、2ページをご確認ください。

- 1 -

記入上の注意事項

■この記入例は、老齢厚生年金を受け取っていた方が亡くなられて、一緒に生活していた配偶者（ご本人も老齢厚生年金を受けている）が、遺族年金を請求する場合のものです。

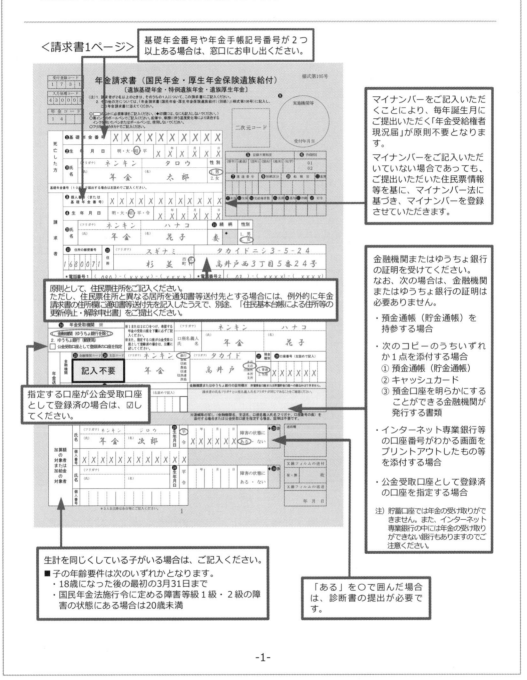

＜請求書1ページ＞

基礎年金番号や年金手帳記号番号が2つ以上ある場合は、窓口にお申し出ください。

マイナンバーをご記入いただくことにより、毎年誕生月にご提出いただく「年金受給権者現況届」が原則不要となります。

マイナンバーをご記入いただいていない場合であっても、ご提出いただいた住民票情報等を基に、マイナンバー法に基づき、マイナンバーを登録させていただきます。

金融機関またはゆうちょ銀行の証明を受けてください。
なお、次の場合は、金融機関またはゆうちょ銀行の証明は必要ありません。

・預金通帳（貯金通帳）を持参する場合

・次のコピーのうちいずれか1点を添付する場合
　① 預金通帳（貯金通帳）
　② キャッシュカード
　③ 預金口座を明らかにすることができる金融機関が発行する書類

・インターネット専業銀行等の口座番号がわかる画面をプリントアウトしたもの等を添付する場合

・公金受取口座として登録済の口座を指定する場合

注）貯蓄口座では年金の受け取りができません。また、インターネット専業銀行の中には年金の受け取りができない銀行もありますのでご注意ください。

原則として、住民票住所をご記入ください。
ただし、住民票住所と異なる居所を通知書等送付先とする場合には、例外的に年金請求書の住所欄に通知書等送付先を記入したうえで、別途、「住民基本台帳による住所等の更新停止・解除申出書」をご提出ください。

指定する口座が公金受取口座として登録済の場合は、☑してください。

生計を同じくしている子がいる場合は、ご記入ください。

■子の年齢要件は次のいずれかとなります。
・18歳になった後の最初の3月31日まで
・国民年金法施行令に定める障害等級1級・2級の障害の状態にある場合は20歳未満

「ある」を〇で囲んだ場合は、診断書の提出が必要です。

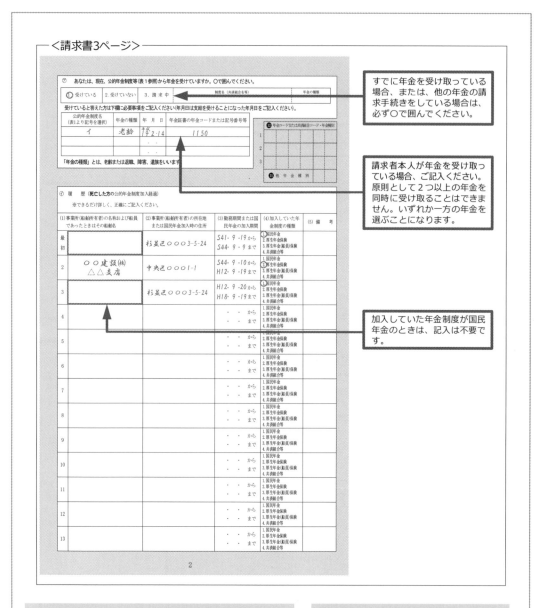

＜請求書3ページ＞

⑦ あなたは、現在、公的年金制度等（表1参照）から年金を受けていますか。○で囲んでください。

1. 受けている	2. 受けていない	3. 請求中	制度名（共済組合名等）	年金の種類

受けていると答えた方は下欄に必要事項をご記入ください（年月日は支給を受けることになった年月日をご記入ください。

公的年金制度名 （表1より記号を選択）	年金の種類	年 月 日	年金証書の年金コードまたは記号番号等
イ	老齢	令和 ·2·14	1150
		· ·	

「年金の種類」とは、老齢または退職、障害、遺族をいいます。

⑫ 年金コードまたは共済組合コード・年金種別

1		
2		
3		

⑬ 他 年 金 種 別

すでに年金を受け取っている場合、または、他の年金の請求手続きをしている場合は、必ず○で囲んでください。

④ 履 歴（**死亡した方の**公的年金制度加入経過）

※できるだけ詳しく、正確にご記入ください。

	(1)事業所（船舶所有者）の名称および船員であったときはその船舶名	(2)事業所（船舶所有者）の所在地または国民年金加入時の住所	(3)勤務期間または国民年金の加入期間	(4)加入していた年金制度の種類	(5)備 考
最初		杉並区〇〇03-5-24	S41· 9·19から S44· 9· 9まで	1.国民年金 2.厚生年金保険 3.厚生年金(船員)保険 4.共済組合等	
2	〇〇建設㈱ △△支店	中央区〇〇01-1	S44· 9·10から H12· 9·19まで	1.国民年金 ②.厚生年金保険 3.厚生年金(船員)保険 4.共済組合等	
3		杉並区〇〇03-5-24	H12· 9·20から H18· 9·19まで	1.国民年金 2.厚生年金保険 3.厚生年金(船員)保険 4.共済組合等	
4			· · から · · まで	1.国民年金 2.厚生年金保険 3.厚生年金(船員)保険 4.共済組合等	
5			· · から · · まで	1.国民年金 2.厚生年金保険 3.厚生年金(船員)保険 4.共済組合等	
6			· · から · · まで	1.国民年金 2.厚生年金保険 3.厚生年金(船員)保険 4.共済組合等	
7			· · から · · まで	1.国民年金 2.厚生年金保険 3.厚生年金(船員)保険 4.共済組合等	
8			· · から · · まで	1.国民年金 2.厚生年金保険 3.厚生年金(船員)保険 4.共済組合等	
9			· · から · · まで	1.国民年金 2.厚生年金保険 3.厚生年金(船員)保険 4.共済組合等	
10			· · から · · まで	1.国民年金 2.厚生年金保険 3.厚生年金(船員)保険 4.共済組合等	
11			· · から · · まで	1.国民年金 2.厚生年金保険 3.厚生年金(船員)保険 4.共済組合等	
12			· · から · · まで	1.国民年金 2.厚生年金保険 3.厚生年金(船員)保険 4.共済組合等	
13			· · から · · まで	1.国民年金 2.厚生年金保険 3.厚生年金(船員)保険 4.共済組合等	

2

請求者本人が年金を受け取っている場合、ご記入ください。原則として2つ以上の年金を同時に受け取ることはできません。いずれか一方の年金を選ぶことになります。

加入していた年金制度が国民年金のときは、記入は不要です。

請求者の受給している年金により選択関係及び老齢年金（繰下げ待機中）の確認
複数の年金受給者であれば、選択届（201号または202号）が必要。ただし、65歳以上の老齢年金受給者で「先あて」となる場合は選択届は不要。
繰下げ待機中の場合、遺族年金の受給権の発生時点で繰下げできなくなるので令和5年4月以降、様式235-1号での手続きが必要です。

死亡者の年金個人情報について
日本年金機構において、死亡者の年金記録の情報を提供できるのは、年金（未支給年金、遺族年金など）を受け取る権利のある遺族に限られています。
日本年金機構法
第三節 年金個人情報の保護 第38条

＜請求書5ページ＞

(1)死亡した方の生年月日、住所	昭和 XX年 XX月 XX日	住 所	〒168-0071　杉並区高井戸西3-5-24	
(2)死亡年月日	(3)死亡の原因である傷病または負傷の名称		(4)傷病または負傷の発生した日	
令和 XX 年 XX 月 XX 日	急性心不全		令和 XX 年 XX 月 XX 日	
(5)傷病または負傷の初診日	(6)死亡の原因である傷病または負傷の発生原因		(7)死亡の原因は第三者の行為によりますか。	
令和 XX 年 XX 月 XX 日			1. は い ・ 2. いいえ	

交通事故など、死亡の原因が第三者の行為による場合は、その旨を窓口にお申し出ください。別途書類が必要です。

(8)死亡の原因が第三者の行為により発生したものであるときは、その者の氏名および住所	氏 名	
	住 所	

(9)請求する方は、死亡した方の相続人になれますか。　　　　　1. は い ・ 2. いいえ

(10)死亡した方は次の年金制度の被保険者、組合員または加入者となったことがありますか。あるときは番号を〇で囲んでください。

① 国民年金法　　　　　　　　　② 厚生年金保険法　　　　3. 船員保険法（昭和61年4月以後を除く）
4. 廃止前の農林漁業団体職員共済組合法　　5. 国家公務員共済組合法　　6. 地方公務員等共済組合法
7. 私立学校教職員組合法　　　　8. 旧市町村職員共済組合法　　9. 地方公務員の退職年金に関する条例　　10. 恩給法

(11)死亡した方は、(10)欄に示す年金制度から年金を受けていましたか。	① は い 2. いいえ	受けていたときは、その制度名と年金証書の基礎年金番号および年金コード等をご記入ください。	制 度 名	年金証書の基礎年金番号および年金コード等
			厚生年金	XXXX-XXXXXX-1150

年金を受け取っていた方が亡くなった場合は、死亡届が必要です。また、亡くなった方が受け取るはずであった年金が残っているときは、「未支給年金・未支払給付金請求書」により請求することができます。（ただし一定の要件が必要です。）

(12)死亡の原因は業務上ですか。	(13)労災保険から給付が受けられますか。	(14)労働基準法による遺族補償が受けられますか。
1. は い ・ 2. いいえ	1. は い ・ 2. いいえ	1. は い ・ 2. いいえ

(15)遺族厚生年金を請求する方は、下の欄の質問にお答えください。いずれかを〇で囲んでください。

ア	死亡した方は、死亡の当時、厚生年金保険の被保険者でしたか。	1. は い ・ 2. いいえ
イ	死亡した方が厚生年金保険（船員保険）の被保険者もしくは共済組合の組合員の資格を喪失した後に死亡したときであって、厚生年金保険（船員保険）の被保険者または共済組合員であった間に発した傷病または負傷が原因で、その初診日から5年以内に死亡したものですか。	1. は い ・ 2. いいえ
ウ	死亡した方は、死亡の当時、障害厚生年金（2級以上）または旧厚生年金保険（旧船員保険）の障害年金（2級相当以上）もしくは共済組合の障害年金（2級相当以上）を受けていましたか。	1. は い ・ 2. いいえ
エ	死亡した方は平成29年7月までに老齢厚生年金または旧厚生年金保険（旧船員保険）の老齢年金・通算老齢年金もしくは共済組合の退職給付の年金の受給権者でしたか。	1. は い ・ 2. いいえ
オ	死亡した方は保険料納付済期間、保険料免除期間および合算対象期間（死亡した方が大正15年4月1日以前生まれの場合は通算対象期間）を合算した期間が25年以上ありましたか。	1. は い ・ 2. いいえ

①アからウのいずれか、またはエもしくはオに「はい」と答えた方
⇒(16)にお進みください。

②アからウのいずれかに「はい」と答えた方で、エまたはオについても「はい」と答えた方
⇒下の□のうち、希望する欄に✓を付けてください。

□ 年金額が高い方の計算方法での決定を希望する。

□ 指定する計算方法での決定を希望する。⇒右欄のアからウのいずれか、またはエもしくはオを〇で囲んでください。	ア・イ・ウ または エ・オ

(16)死亡した方が共済組合等に加入したことがあるときは、下の欄の質問にお答えください。

ア	死亡の原因は、公務上の事由によりますか。	1. は い ・ 2. いいえ
イ	請求者は同一事由によって、追加費用対象期間を有することによる共済組合に基づく遺族給付が受けられますか。	1. は い ・ 2. いいえ

5

死亡診断書（死体検案書）の内容
・死亡日と戸籍の死亡日の確認
・初診日　厚年加入中で初診から５年以内の死亡か
・傷病名　傷病か外傷性のケガか
・第三者行為
・事件性はないか
・解剖の有の時は解剖の結果が必要

「死亡診断書」病院の医師の診療下で死亡確認できたもの
「死体検案書」事故死や孤独死など警察医（監察医）による検案で死亡確認したもの

＜請求書7ページ＞

生　計　維　持　申　立

右の者は、死亡者と生計を同じくしていたこと、および配偶者と子が生計を同じくしていたことを申し立てる。

令和 XX年 XX月 XX日

請求者　住所

杉並区高井戸西3-5-24

氏名　年金　花子

	氏　名	続柄
請求者	年金　花子	妻

生計同一関係

	1.　この年金を請求する方は次にお答えください。	◆確認欄	◆年金事務所の確認事項
収入関係	(1)　請求者（名：花子）について年収は、850万円未満ですか。	はい・いいえ　（　　）印	ア．健保等被扶養者（第三号被保険者）
	(2)　請求者（名：　　）について年収は、850万円未満ですか。	はい・いいえ	イ．加算額または加給年金額対象者
	(3)　請求者（名：　　）について年収は、850万円未満ですか。	はい・いいえ　（　　）印	ウ．国民年金保険料免除世帯
	2.　上記1で「いいえ」と答えた方のうち、その方の収入がこの年金の受給権発生時以降おおむね5年以内に850万円未満となる見込みがありますか。	はい・いいえ	エ．義務教育終了前
			オ．高等学校在学中
			カ．源泉徴収票・非課税証明書等

令和 XX年 XX月 XX日　提出

> 申立てを行った場合、同居の事実を明らかにすることができる世帯全員の住民票が必要です。
>
> ※請求書1ページでマイナンバーを記入した場合、その方の世帯全員の住民票は不要です。

> 収入関係については生計維持があったことを証明する書類が必要です。
> 「生計維持とは」
> 以下の2つの要件を満たしているとき、「生計維持されている」といいます。
> ①生計同一関係があること
> 　例）・住民票上、同一世帯である。
> 　　　・単身赴任、就学、病気療養等で、住所が住民票上は異なっているが、生活費を共にしている。
> ②配偶者または子が収入要件を満たしていること
> 　年収850万円（所得655.5万円）を将来にわたって有しないことが認められること。
>
> ※請求書1ページでマイナンバーを記入した場合、その方の収入について証明する書類は原則不要です。

＜請求書12ページ＞

委任状

代理人　＊ご本人（委任する方）がご記入ください。

フリガナ	ネンキン　サブロウ	ご本人との関係	子
氏　名	年金　三郎		
住　所	〒168-0071　杉並区高井戸西3-5-24　建物名	電話（090）XXXX-XXXX	

私は、上記の者を代理人と定め、以下の内容を委任します。

ご本人　＊ご本人（委任する方）がご記入ください。

基礎年金番号	X X X X - X X X X X X	作成日	令和 XX年 XX月 XX日
フリガナ	ネンキン　ハナコ	生年月日	昭和・平成・令和 XX年 XX月 XX日
氏　名	年金　花子		
住　所	〒168-0071　杉並区高井戸西3-5-24　建物名	電話（090）XXXX-XXXX	

委任する内容	●委任する事項を次の項目から選んで○をつけ、5を選んだ場合は委任する内容を具体的にご記入ください。 ①年金および年金生活者支援給付金の請求について　②年金および年金生活者支援給付金の見込み額について ③年金の加入期間について　④各種再交付手続きについて　5.その他（具体的にご記入ください。） ●年金に関する情報の交付について、希望の有無をA～Cの項目から選んで○をつけてください。 A．代理人に交付を希望する　B．本人宛に郵送を希望する　C．交付を希望しない

＊代理人は、運転免許証など代理人自身の本人確認ができるもの（文書による請求または照会の場合は写し）をご用意ください。

年金請求書の各欄の記入もれはありませんか？もう一度お確かめください。
年金が決定された後に、年金請求書を提出された時点での記入もれの申し立てがありますと、すでに受け取った年金を調整する場合があります。
もう一度、年金請求書の記載内容をお確かめください。

-4-

140

<年金を受け取るまで>

年金請求の手続きが終わると次のように各種通知書が郵送され、年金の受け取りが始まります。

① 「年金請求書」を提出します　………　お近くの年金事務所に提出します（郵送可）。

＜1か月程度（加入状況の再確認を要する方は2か月程度）＞

② 「年金証書・年金決定通知書」が
　 ご自宅に郵送されます　……　「年金証書・年金決定通知書」でお知らせしている内容は受給資格を取得した時点のものです。

＜50日間程度＞

③ 年金の受け取りが始まります　…………　年金額が決定されたのち、初めての受け取りは、年金証書がご自宅に郵送されてから50日程度です。

｛「年金支払通知書」または
　「年金振込通知書」がご自宅に郵送されます｝

ただし、2つ以上の年金を受け取れる方や、さかのぼって年金給付が発生する方などは、50日以上かかる場合があります。最初に受け取る金額の内訳は、日本年金機構から郵送される**「年金支払通知書」**または**「年金振込通知書」**をご覧ください。

<年金の定期の受け取り>

年金は2月、4月、6月、8月、10月、12月の偶数月の15日（土曜日、日曜日、祝日のときは、その直前の営業日）に受け取れます。

各定期月に受け取る年金額は受け取る月の前2か月分です。

例　｛2月の支払…前年12月と、1月の2か月分
　　　4月の支払…2月と、3月の2か月分｝

＊初めて年金を受け取るときなどは、奇数月の場合があります。
＊1年間（6月から翌年の4月まで）の各期に受け取る年金額を記載した「振込通知書」が、原則として、毎年6月にご自宅に郵送されます。

●法定相続情報一覧図

　令和2年10月26日から、被相続人の死亡に起因する年金等手続きにおいて、死亡者との身分関係等を証する添付書類として、「法定相続情報一覧図の写し」を使用できるようになりました。

　法定相続情報証明制度は、登記所（法務局）に戸除籍謄本等の束を提出し、あわせて相続関係を一覧に表した図（法定相続情報一覧図）を提出することで、登記官がその一覧図に認証文を付した写しを無料で交付するものです。　その後の相続手続きや遺族年金等の請求手続きの際には、法定相続情報一覧図の写しを利用することが可能となりました。ただし、婚姻期間の確認が必要となる寡婦年金の請求手続きに使用することはできません。

　「法定相続情報証明制度」については、法務局（登記所）へ問い合わせます。

記入例　未支給年金・未支払給付金請求書

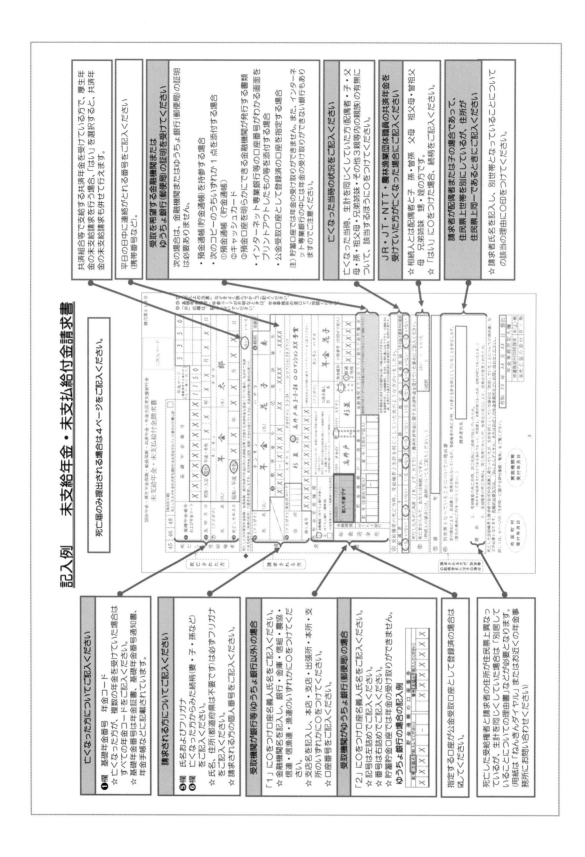

●第三者行為事故状況届

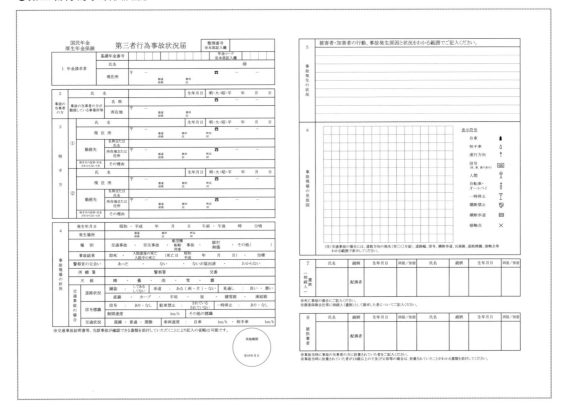

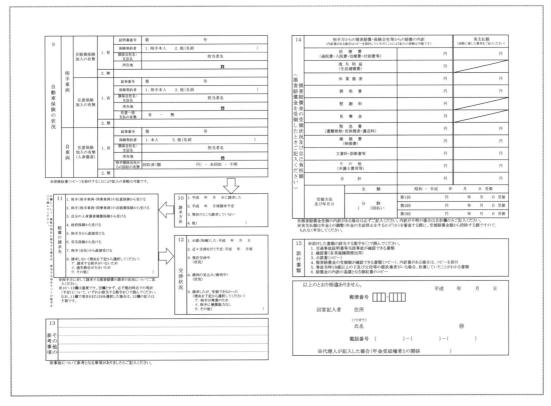

同　意　書

私は、相手方から損害賠償を受けたときは、第三者の行為による事故にかかる年金の支給と第三者からの損害賠償との調整に関する審査に必要な事項等か（損害賠償金の受領の年月日、内容、金額やその内訳等に関する事項等をいう。）を遅滞なく届け出る必要があること、了承いたしました。

ついては、以下の事項に同意します。

(1) 貴職が、第三者の行為による事故にかかる年金の支給と第三者からの損害賠償との調整に関する審査に関して必要な事項等について、損害保険会社・事業所（事業主）・弁護士等へ私に代わり照会を行い、その照会内容について情報提供を受けること。

(2) この同意書をもって (1) に掲げる事項に対応する損害保険会社・事業所（事業主）・弁護士等への同意を含むこと。

(3) この同意書を損害保険会社・事業所（事業主）・弁護士等へ提示すること。

日本年金機構中央年金センター長　様

令和　　年　　月　　日

受給権者の住所
氏名　　　　　　　㊞

確　認　書

事故発生年月日	昭和 平成 令和	年　月　日	相手方の氏名
事故の当事者の氏名			

上記の事故に係る年金（保険）給付を請求するに当たり、相手方から損害賠償を受けたときは、事故発生日の翌月から起算して最長36か月の範囲内で、今回請求した障害年金または遺族年金の給付が支給停止されることを理解しましたので、以下の事項を了承します。

1　相手方から損害賠償金を受けたときは、受領の年月日、内容、金額（評価額）を漏れなく、かつ遅滞なく届け出ること

2　相手方との示談を行うときは、事前にその内容を年金の支払いを行う実施機関へ申し出ること

3　相手方との示談交渉状況について年金の支払いを行う実施機関から照会があったときは、漏れなく、かつ遅滞なく、その状況を報告すること

4　相手方に白紙委任状を渡さないこと

令和　　年　　月　　日
住所
氏名

原票

保有個人情報開示請求書

　　　　年　　月　　日

出入国在留管理庁長官　殿

氏名（ふりがな）

住所又は居所
〒

Tel（　　）

行政機関の保有する個人情報の保護に関する法律第13条第1項の規定に基づき、下記のとおり保有個人情報の開示を請求します。

記

1 開示を請求する保有個人情報（詳細を別紙に記載してください。□欄にチェックを入れてください。）

□開示請求者本人（詳細を別紙に記載してください。）の外国人登録原票
□2000年1月1日から2012年7月8日まで
　　年　月　日から　　年　月　日まで
□2000年1月1日から2012年7月8日まで

□開示請求者以外の者（詳細を別紙に記載してください。）の外国人登録原票
※開示される原票は、開示請求者本人の個人情報が含まれる原票に限られます。
□2000年1月1日から2012年7月8日まで
　　年　月　日から　　年　月　日まで

※ 1981年（昭和56年）以前の外国人登録原票を請求する場合、抽出には時間がかかります。

2 求める開示の実施方法等（本欄の記載は任意です。）
ア又はイに〇印を付けてください。ウを選択した場合は、実施の方法等について、その他の記載は任意です。
ア 事務所における開示の実施を希望する。
　□閲覧　□写しの交付
イ 写しの送付を希望する。
＜実施の方法＞　□写し　□その他（　　　）
＜実施の希望日＞　　年　月　日
※ 写しの送付を希望する。

3 手数料
開示請求手数料（1件300円）
ここに収入印紙を貼ってください。

（受付印）

4 本人確認等
ア 開示請求者　□本人　□法定代理人
イ 請求者本人確認書類
□運転免許証　□健康保険被保険者証　□住民基本台帳カード（住所記載のあるもの）
□在留カード、特別永住者証明書又はこれらの書類にみなされる外国人登録証明書
□その他（　　　）
※ 請求書を送付して請求をする場合には、加えて住民票の写し等（開示請求の前30日以内に作成されたものに限る。また、コピーによる提出は認められません。）を添付してください。
ウ 本人の状況等（法定代理人が請求する場合にのみ記載してください。）
　本人の状況　□未成年者（　　年　月　日生）　□成年被後見人
　本人の氏名（ふりがな）
　本人の住所又は居所
エ 法定代理人が請求する場合、次のいずれかの書類を提示又は提出してください。
　□戸籍謄本　□登記事項証明書
請求資格確認書類（　　　）

原票

（開示請求書別紙）

以下の事項を記載してください。

1 開示請求者本人の外国人登録原票の開示を請求する場合

(1) 開示請求者本人の性別　□男性　□女性
(2) 開示請求者本人の国籍・地域
(3) 開示請求者本人の外国人登録番号、在留カードの番号又は特別永住者証明書の番号

番号が不明の場合には、請求期間において、外国人登録を行ったことのある住所又は居所及び時期（複数ある場合は、最終のもの）

住所又は居所
時期　　年　月　日から　　年　月　日まで

(4) 請求する外国人登録原票が作成された当時の氏名等が、帰化等により現在の氏名等と異なる場合は、当時の氏名等を記載の上変更の経緯が分かる書類（戸籍抄本等）を添付してください。

帰化等の年　　年
変更前の国籍・地域
変更前の氏名（ふりがな）

2 開示請求者以外の者の外国人登録原票の開示を請求する場合
※開示される原票は、開示請求者本人の個人情報に限られます。

(1) 開示請求者以外の者の氏名（ふりがな）
(2) 開示請求者以外の者の生年月日　　年　月　日生
(3) 開示請求者以外の者の性別　□男性　□女性
(4) 開示請求者以外の者の国籍・地域
(5) 開示請求者以外の者の外国人登録番号、在留カードの番号又は特別永住者証明書の番号
(6) 開示請求者以外の者の住所又は居所
(7) 請求する外国人登録原票が作成された当時の開示請求者以外の者の氏名等が、帰化等により現在の氏名等と異なる場合は、当時の氏名等を記載してください。

帰化等の年　　年
変更前の国籍・地域
変更前の氏名（ふりがな）

(注) 写しの送付を希望する場合には、郵便切手（定形普通郵便の場合は94円分。速達や簡易書留等を希望とする場合は、それに応じた料金を加算）を貼った返信用封筒（送付先を記載し、あて先を明記）を添えてください。なお、記録の枚数により追加の切手をお願いすることがありますので、御承知おきください。

別記第1号様式

死亡した外国人に係る外国人登録原票の写し交付請求書

□交付

　　　　　　　　　　年　　月　　日

出入国在留管理庁総務課長　殿

1　請求者（□にチェックを入れてください。）　□本人　□法定代理人
（ふりがな）
氏名

住所又は居所
〒
TEL（　　　）

2　死亡した方について、以下の事項を記載してください。
(1) どなたの外国人登録原票を請求されますか。（□にチェックを入れてください。）
□祖父（父方）　□祖父（母方）　□父
□祖母（父方）　□祖母（母方）　□母
□兄弟姉妹　□子　□死亡の当時における同居親族
□死亡の当時における配偶者（婚姻の届出をしていないが、事実上婚姻関係と同様の事情にあった者を含む。）
(2) 氏名・性別　　　　　　　　　　　　　　□男性　□女性
（ふりがな）
(3) 生年月日　　　　年　　月　　日生　(4) 国籍・地域
(5) 死亡した年　　　　年
※ 当庁において死亡した事実が確認できない場合（帰化や日本から出国した後に死亡した場合）は、死亡したことが確認できる書類（戸籍謄本、死亡届出書し等）の送付をお願いすることがあります。
(6) 死亡の当時の住所又は居所
(7) 外国人登録番号、在留カード等の番号又は特別永住者証明書の番号
(8) 氏名を変更されたことがある場合は、次の事項を記載してください。
変更前の国籍・地域　　　　　変更又は帰化した年
（ふりがな）
変更前の氏名
※ 氏名等を変更したことがある場合（帰化や婚姻等）は、その事実が確認できる書類（戸籍謄本）の送付をお願いすることがあります。
(9) 交付を請求する外国人登録原票（□にチェックを入れて指定してください。）
□2000年1月1日から2012年7月8日まで
　　　年　月　日から　　　年　月　日まで
□1981年（昭和56年）以前の外国人登録原票
※ 交付請求の前30日以内に作成された書類に限り提出できます。提出に時間がかかります。

□交付

3　求める交付の実施方法（□にチェックを入れ指定してください。）
□事務所における写しの交付を希望する。
□写しの送付を希望する。
※ 写しの送付を希望する場合は、郵便切手（定形普通郵便の場合は94円分、速達や簡易書留等とする場合は本希望に応じた料金を加算）を貼り、送付先を記載した返信用封筒を添えてください。
なお、記録の枚数により追加の切手の送付をお願いすることがあります。

4　交付請求において必要となる本人確認書類等
(1) 請求者本人確認書類（氏名、住所が明記されているもの）
□運転免許証　□健康保険被保険者証
□個人番号カード又は住民基本台帳カード（住所記載のあるもの）
□在留カード、特別永住者証明書又は特別永住者登録証明書
□その他（　　　　　　）
※ 個人番号カードのコピーを提出する場合は、個人番号の記載がない表面のみのコピーを提出してください。（個人番号の記載がないものに限ります。また、コピーによる提出は認められません。
(2) 住民票の写し等
※ 請求日の前30日以内に作成され、個人番号の記載がないものに限ります。また、コピーによる提出は認められません。
(3) 請求者本人が氏名等を変更されたことがある場合は、次の事項を記載してください。
変更前の氏名
変更前の国籍・地域　　　　　変更又は帰化した年
※ 氏名等を変更したことがある場合（帰化や婚姻等）は、その事実が確認できる書類（戸籍謄本）の送付をお願いすることがあります。
※ 未成年者又は成年被後見人の法定代理人が本人に代わって交付請求する書類は、本人の情報を記載してください。
(4) 法定代理人が請求する場合は、以下の事項を記載してください。
ア　被後見人等の状況
□未成年者（　　　年　　月　　日生）□成年被後見人
イ　法定代理人の氏名
（ふりがな）
ウ　法定代理人の住所又は居所
エ　請求資格確認書類
□戸籍謄本　□登記事項証明書　□その他（　　　）
※ 交付請求の前30日以内に作成されたものに限り提出できます。また、コピーによる提出は認められません。

【外国人登録原票のイメージ】

※ 様式はあくまでも参考例の一つを掲載しております。

（表）

(1)氏	名	性別	生 年 月 日	(6)登録の年月日
		男 女		
		(2)国 籍	(3)職 業

署名	(7)登録番号	申請年月日	事由	確認の日	次回確認の基準日	登録証明書発行市区町村名	交付年月期間	交付年月日	(4)旅 券 番 号
									(5)旅券発行年月日

(12)出 生 地		(9)上陸許可年月日
		年 月 日
(13)国籍に属する国における住所又は居所		(10)在留の資格
(14)居 住 地		(11)在 留 期 間
		年 月 日から 年 月 日まで
(15)世帯主の 氏 名	(16)続柄	作成年月日・作成事由
		平成 年 月 日
(17)勤務所又 は事務所の名 称及び所在地		により申請受理
		作成市区町村 印

| (18)世 帯 構 成 員 及び本邦にある父・母・配偶者の変更登録欄 |
| 続 柄 | 氏 名 | 生 年 月 日 | 国 籍 |
| | | | |

| (19)本邦にある父・母・配偶者（(18)欄に記載されている者は除く。） |
| 続 柄 | 氏 名 | 生 年 月 日 | 国 籍 |
| | | | |

（裏）

平成 年 月 日	平成 年 月 日	平成 年 月 日	署名事項記入欄
署名6.1			
平成 年 月 日	平成 年 月 日	平成 年 月 日	
署名6.2	署名6.7		
平成 年 月 日	平成 年 月 日	平成 年 月 日	
署名6.3	署名6.8		
平成 年 月 日	平成 年 月 日	平成 年 月 日	
署名6.4	署名6.9		
平成 年 月 日	平成 年 月 日	平成 年 月 日	
署名6.5	署名6.10		
年 月 日	年 月 日	年 月 日	年 月 日	年 月 日	年 月 日	年 月 日
写真 1	写真 2	写真 3	写真 4	写真 5	写真 6	写真 7

平成24年7月9日以前に、市区町村において外国人情報の変更登録を申請されている場合、その履歴は「変更登録欄」に記載されています。

→

変 更 登 録 欄	訂 正 事 項 欄
	備 考 欄

関連法律（抜粋）

厚生年金保険法

昭和二十九年法律第百十五号

（未支給の保険給付）

第三十七条　保険給付の受給権者が死亡した場合において、その死亡した者に支給すべき保険給付でまだその者に支給しなかつたものがあるときは、その者の配偶者、子、父母、孫、祖父母、兄弟姉妹又はこれらの者以外の三親等内の親族であつて、その者の死亡の当時その者と生計を同じくしていたものは、自己の名で、その未支給の保険給付の支給を請求することができる。

2　前項の場合において、死亡した者が遺族厚生年金の受給権者である妻であつたときは、その者の死亡の当時その者と生計を同じくしていた被保険者又は被保険者であつた者の子であつて、その者の死亡によつて遺族厚生年金の支給の停止が解除されたものは、同項に規定する子とみなす。

3　第一項の場合において、死亡した受給権者が死亡前にその保険給付を請求していなかつたときは、同項に規定する者は、自己の名で、その保険給付を請求することができる。

4　未支給の保険給付を受けるべき者の順位は、政令で定める。

5　未支給の保険給付を受けるべき同順位者が二人以上あるときは、その一人のした請求は、全員のためその全額につきしたものとみなし、その一人に対してした支給は、全員に対してしたものとみなす。

第四節　遺族厚生年金

（受給権者）

第五十八条　遺族厚生年金は、被保険者又は被保険者であつた者が次の各号のいずれかに該当する場合に、その者の遺族に支給する。ただし、第一号又は第二号に該当する場合にあつては、死亡した者につき、死亡日の前日において、死亡日の属する月の前々月までに国民年金の被保険者期間があり、かつ、当該被保険者期間に係る保険料納付済期間と保険料免除期間とを合算した期間が当該被保険者期間の三分の二に満たないときは、この限りでない。

一　被保険者（失踪の宣告を受けた被保険者であつた者であつて、行方不明となつた当時被保険者であつたものを含む。）が、死亡したとき。

二　被保険者であつた者が、被保険者の資格を喪失した後に、被保険者であつた間に初診日がある傷病により当該初診日から起算して五年を経過する日前に死亡したとき。

三　障害等級の一級又は二級に該当する障害の状態にある障害厚生年金の受給権者が、死亡したとき。

四　老齢厚生年金の受給権者（保険料納付済期間と保険料免除期間とを合算した期間が二十五年以上である者に限る。）又は保険料納付済期間と保険料免除期間とを合算した期間が二十五年以上である者が、死亡したとき。

2　前項の場合において、死亡した被保険者又は被保険者であつた者が同項第一号から第三号までのいずれかに該当し、かつ、同項第四号にも該当するときは、その遺族が遺族厚生年金を請求したときに別段の申出をした場合を除き、同項第一号から第三号までのいずれかのみに該当し、同

項第四号には該当しないものとみなす。

（遺族）
第五十九条　遺族厚生年金を受けることができる遺族は、被保険者又は被保険者であつた者の配偶者、子、父母、孫又は祖父母（以下単に「配偶者」、「子」、「父母」、「孫」又は「祖父母」という。）であつて、被保険者又は被保険者であつた者の死亡の当時（失踪そうの宣告を受けた被保険者であつた者にあつては、行方不明となつた当時。以下この条において同じ。）その者によつて生計を維持したものとする。ただし、妻以外の者にあつては、次に掲げる要件に該当した場合に限るものとする。
　　一　夫、父母又は祖父母については、五十五歳以上であること。
　　二　子又は孫については、十八歳に達する日以後の最初の三月三十一日までの間にあるか、又は二十歳未満で障害等級の一級若しくは二級に該当する障害の状態にあり、かつ、現に婚姻をしていないこと。
２　前項の規定にかかわらず、父母は、配偶者又は子が、孫は、配偶者、子又は父母が、祖父母は、配偶者、子、父母又は孫が遺族厚生年金の受給権を取得したときは、それぞれ遺族厚生年金を受けることができる遺族としない。
３　被保険者又は被保険者であつた者の死亡の当時胎児であつた子が出生したときは、第一項の規定の適用については、将来に向つて、その子は、被保険者又は被保険者であつた者の死亡の当時その者によつて生計を維持していた子とみなす。
４　第一項の規定の適用上、被保険者又は被保険者であつた者によつて生計を維持していたことの認定に関し必要な事項は、政令で定める。

（死亡の推定）
第五十九条の二　船舶が沈没し、転覆し、滅失し、若しくは行方不明となつた際現にその船舶に乗つていた被保険者若しくは被保険者であつた者若しくは船舶に乗つていてその船舶の航行中に行方不明となつた被保険者若しくは被保険者であつた者の生死が三月間わからない場合又はこれらの者の死亡が三月以内に明らかとなり、かつ、その死亡の時期がわからない場合には、遺族厚生年金の支給に関する規定の適用については、その船舶が沈没し、転覆し、滅失し、若しくは行方不明となつた日又はその者が行方不明となつた日に、その者は、死亡したものと推定する。航空機が墜落し、滅失し、若しくは行方不明となつた際現にその航空機に乗つていた被保険者若しくは被保険者であつた者若しくは航空機に乗つていてその航空機の航行中に行方不明となつた被保険者若しくは被保険者であつた者の生死が三月間わからない場合又はこれらの者の死亡が三月以内に明らかとなり、かつ、その死亡の時期がわからない場合にも、同様とする。

（年金額）
第六十条　遺族厚生年金の額は、次の各号に掲げる区分に応じ、当該各号に定める額とする。ただし、遺族厚生年金の受給権者が当該遺族厚生年金と同一の支給事由に基づく国民年金法による遺族基礎年金の支給を受けるときは、第一号に定める額とする。
　　一　第五十九条第一項に規定する遺族（次号に掲げる遺族を除く。）が遺族厚生年金の受給権を取得したとき　死亡した被保険者又は被保険者であつた者の被保険者期間を基礎として第四十三条第一項の規定の例により計算した額の四分の三に相当する額。ただし、第五十八条第一項第一号から第三号までのいずれかに該当することにより支給される遺族厚生年金については、そ

の額の計算の基礎となる被保険者期間の月数が三百に満たないときは、これを三百として計算した額とする。
二　第五十九条第一項に規定する遺族のうち、老齢厚生年金の受給権を有する配偶者が遺族厚生年金の受給権を取得したとき　前号に定める額又は次のイ及びロに掲げる額を合算した額のうちいずれか多い額
イ　前号に定める額に三分の二を乗じて得た額
ロ　当該遺族厚生年金の受給権者の老齢厚生年金の額（第四十四条第一項の規定により加給年金額が加算された老齢厚生年金にあつては、同項の規定を適用しない額とする。次条第三項及び第六十四条の二において同じ。）に二分の一を乗じて得た額
2　配偶者以外の者に遺族厚生年金を支給する場合において、受給権者が二人以上であるときは、それぞれの遺族厚生年金の額は、前項第一号の規定にかかわらず、受給権者ごとに同号の規定により算定した額を受給権者の数で除して得た額とする。
3　前二項に定めるもののほか、遺族厚生年金の額の計算について必要な事項は、政令で定める。

第六十一条　配偶者以外の者に遺族厚生年金を支給する場合において、受給権者の数に増減を生じたときは、増減を生じた月の翌月から、年金の額を改定する。
2　前条第一項第一号の規定によりその額が計算される遺族厚生年金（配偶者に対するものに限る。）の受給権者が老齢厚生年金の受給権を取得した日において、同項第二号イ及びロに掲げる額を合算した額が同項第一号に定める額を上回るときは、当該合算した額に、当該老齢厚生年金の受給権を取得した日の属する月の翌月から、年金の額を改定する。
3　前条第一項第二号の規定によりその額が計算される遺族厚生年金は、その額の算定の基礎となる老齢厚生年金の額が第四十三条第二項又は第三項の規定により改定されたときは、当該老齢厚生年金の額が改定された月から当該遺族厚生年金の額を改定する。ただし、前条第一項第一号の規定により計算される額が、当該改定後の老齢厚生年金の額を基礎として算定した同項第二号イ及びロに掲げる額を合算した額以上であるときは、この限りでない。

第六十二条　遺族厚生年金（第五十八条第一項第四号に該当することにより支給されるものであつて、その額の計算の基礎となる被保険者期間の月数が二百四十未満であるものを除く。）の受給権者である妻であつてその権利を取得した当時四十歳以上六十五歳未満であつたもの又は四十歳に達した当時当該被保険者若しくは被保険者であつた者の子で国民年金法第三十七条の二第一項に規定する要件に該当するもの（当該被保険者又は被保険者であつた者の死亡後に同法第三十九条第三項第二号から第八号までのいずれかに該当したことがあるものを除く。）と生計を同じくしていたものが六十五歳未満であるときは、第六十条第一項第一号の遺族厚生年金の額に同法第三十八条に規定する遺族基礎年金の額に四分の三を乗じて得た額（その額に五十円未満の端数が生じたときは、これを切り捨て、五十円以上百円未満の端数が生じたときは、これを百円に切り上げるものとする。）を加算する。
2　前項の加算を開始すべき事由又は同項の加算を廃止すべき事由が生じた場合における年金の額の改定は、それぞれ当該事由が生じた月の翌月から行う。

（失権）
第六十三条　遺族厚生年金の受給権は、受給権者が次の各号のいずれかに該当するに至つたときは、消滅する。

一　死亡したとき。

二　婚姻（届出をしていないが、事実上婚姻関係と同様の事情にある場合を含む。）をしたとき。

三　直系血族及び直系姻族以外の者の養子（届出をしていないが、事実上養子縁組関係と同様の事情にある者を含む。）となつたとき。

四　離縁によつて、死亡した被保険者又は被保険者であつた者との親族関係が終了したとき。

五　次のイ又はロに掲げる区分に応じ、当該イ又はロに定める日から起算して五年を経過したとき。

　　イ　遺族厚生年金の受給権を取得した当時三十歳未満である妻が当該遺族厚生年金と同一の支給事由に基づく国民年金法による遺族基礎年金の受給権を取得しないとき　当該遺族厚生年金の受給権を取得した日

　　ロ　遺族厚生年金と当該遺族厚生年金と同一の支給事由に基づく国民年金法による遺族基礎年金の受給権を有する妻が三十歳に到達する日前に当該遺族基礎年金の受給権が消滅したとき　当該遺族基礎年金の受給権が消滅した日

2　子又は孫の有する遺族厚生年金の受給権は、次の各号のいずれかに該当するに至つたときは、消滅する。

一　子又は孫について、十八歳に達した日以後の最初の三月三十一日が終了したとき。ただし、子又は孫が障害等級の一級又は二級に該当する障害の状態にあるときを除く。

二　障害等級の一級又は二級に該当する障害の状態にある子又は孫について、その事情がやんだとき。ただし、子又は孫が十八歳に達する日以後の最初の三月三十一日までの間にあるときを除く。

三　子又は孫が、二十歳に達したとき。

3　父母、孫又は祖父母の有する遺族厚生年金の受給権は、被保険者又は被保険者であつた者の死亡の当時胎児であつた子が出生したときは、消滅する。

（支給停止）

第六十四条　遺族厚生年金は、当該被保険者又は被保険者であつた者の死亡について労働基準法第七十九条の規定による遺族補償の支給が行われるべきものであるときは、死亡の日から六年間、その支給を停止する。

第六十四条の二　遺族厚生年金（その受給権者が六十五歳に達しているものに限る。）は、その受給権者が老齢厚生年金の受給権を有するときは、当該老齢厚生年金の額に相当する部分の支給を停止する。

第六十五条　第六十二条第一項の規定によりその額が加算された遺族厚生年金は、その受給権者である妻が当該被保険者又は被保険者であつた者の死亡について国民年金法による遺族基礎年金の支給を受けることができるときは、その間、同項の規定により加算する額に相当する部分の支給を停止する。

第六十五条の二　夫、父母又は祖父母に対する遺族厚生年金は、受給権者が六十歳に達するまでの期間、その支給を停止する。ただし、夫に対する遺族厚生年金については、当該被保険者又は被保険者であつた者の死亡について、夫が国民年金法による遺族基礎年金の受給権を有するときは、この限りでない。

第六十六条　子に対する遺族厚生年金は、配偶者が遺族厚生年金の受給権を有する期間、その支給を停止する。ただし、配偶者に対する遺族厚生年金が前条本文、次項本文又は次条の規定によりその支給を停止されている間は、この限りでない。

2　配偶者に対する遺族厚生年金は、当該被保険者又は被保険者であつた者の死亡について、配偶者が国民年金法による遺族基礎年金の受給権を有しない場合であつて子が当該遺族基礎年金の受給権を有するときは、その間、その支給を停止する。ただし、子に対する遺族厚生年金が次条の規定によりその支給を停止されている間は、この限りでない。

第六十七条　配偶者又は子に対する遺族厚生年金は、その配偶者又は子の所在が一年以上明らかでないときは、遺族厚生年金の受給権を有する子又は配偶者の申請によつて、その所在が明らかでなくなつた時にさかのぼつて、その支給を停止する。

2　配偶者又は子は、いつでも、前項の規定による支給の停止の解除を申請することができる。

第六十八条　配偶者以外の者に対する遺族厚生年金の受給権者が二人以上である場合において、受給権者のうち一人以上の者の所在が一年以上明らかでないときは、その者に対する遺族厚生年金は、他の受給権者の申請によつて、その所在が明らかでなくなつた時にさかのぼつて、その支給を停止する。

2　前項の規定によつて遺族厚生年金の支給を停止された者は、いつでも、その支給の停止の解除を申請することができる。

3　第六十一条第一項の規定は、第一項の規定により遺族厚生年金の支給が停止され、又は前項の規定によりその停止が解除された場合に準用する。この場合において、同条第一項中「増減を生じた月」とあるのは、「支給が停止され、又はその停止が解除された月」と読み替えるものとする。

厚生年金保険法施行令 　　　　　　　　　　　　昭和二十九年政令第百十号

（遺族厚生年金の生計維持の認定）
第三条の十　法第五十九条第一項に規定する被保険者又は被保険者であつた者の死亡の当時その者によって生計を維持していた配偶者、子、父母、孫又は祖父母は、当該被保険者又は被保険者であった者の死亡の当時その者と生計を同じくしていた者であって厚生労働大臣の定める金額以上の収入を将来にわたって有すると認められる者以外のものその他これに準ずる者として厚生労働大臣の定める者とする。

国民年金法 　　　　　　　　　　　　　　　　　　昭和三十四年法律第百四十一号

（年金の支給期間及び支払期月）
第十八条　年金給付の支給は、これを支給すべき事由が生じた日の属する月の翌月から始め、権利が消滅した日の属する月で終るものとする。

2　年金給付は、その支給を停止すべき事由が生じたときは、その事由が生じた日の属する月の翌月からその事由が消滅した日の属する月までの分の支給を停止する。ただし、これらの日が同じ

月に属する場合は、支給を停止しない。

3　年金給付は、毎年二月、四月、六月、八月、十月及び十二月の六期に、それぞれの前月までの分を支払う。ただし、前支払期月に支払うべきであつた年金又は権利が消滅した場合若しくは年金の支給を停止した場合におけるその期の年金は、その支払期月でない月であつても、支払うものとする。

（二月期支払の年金の加算）

第十八条の二　前条第三項の規定による支払額に一円未満の端数が生じたときは、これを切り捨てるものとする。

2　毎年三月から翌年二月までの間において前項の規定により切り捨てた金額の合計額（一円未満の端数が生じたときは、これを切り捨てた額）については、これを当該二月の支払期月の年金額に加算するものとする。

（死亡の推定）

第十八条の三　船舶が沈没し、転覆し、滅失し、若しくは行方不明となつた際現にその船舶に乗つていた者若しくは船舶に乗つていてその船舶の航行中に行方不明となつた者の生死が三箇月間分らない場合又はこれらの者の死亡が三箇月以内に明らかとなり、かつ、その死亡の時期が分らない場合には、死亡を支給事由とする給付の支給に関する規定の適用については、その船舶が沈没し、転覆し、滅失し、若しくは行方不明となつた日又はその者が行方不明となつた日に、その者は、死亡したものと推定する。航空機が墜落し、滅失し、若しくは行方不明となつた際現にその航空機に乗つていた者若しくは航空機に乗つていてその航空機の航行中に行方不明となつた者の生死が三箇月間分らない場合又はこれらの者の死亡が三箇月以内に明らかとなり、かつ、その死亡の時期が分らない場合にも、同様とする。

（失踪宣告の場合の取扱い）

第十八条の四　失踪の宣告を受けたことにより死亡したとみなされた者に係る死亡を支給事由とする給付の支給に関する規定の適用については、第三十七条、第三十七条の二、第四十九条第一項、第五十二条の二第一項及び第五十二条の三第一項中「死亡日」とあるのは「行方不明となつた日」とし、「死亡の当時」とあるのは「行方不明となつた当時」とする。ただし、受給権者又は給付の支給の要件となり、若しくはその額の加算の対象となる者の身分関係、年齢及び障害の状態に係るこれらの規定の適用については、この限りでない。

（未支給年金）

第十九条　年金給付の受給権者が死亡した場合において、その死亡した者に支給すべき年金給付でまだその者に支給しなかつたものがあるときは、その者の配偶者、子、父母、孫、祖父母、兄弟姉妹又はこれらの者以外の三親等内の親族であつて、その者の死亡の当時その者と生計を同じくしていたものは、自己の名で、その未支給の年金の支給を請求することができる。

2　前項の場合において、死亡した者が遺族基礎年金の受給権者であつたときは、その者の死亡の当時当該遺族基礎年金の支給の要件となり、又はその額の加算の対象となつていた被保険者又は被保険者であつた者の子は、同項に規定する子とみなす。

3　第一項の場合において、死亡した受給権者が死亡前にその年金を請求していなかつたときは、同項に規定する者は、自己の名で、その年金を請求することができる。

4　未支給の年金を受けるべき者の順位は、政令で定める。

5　未支給の年金を受けるべき同順位者が二人以上あるときは、その一人のした請求は、全員のためその全額につきしたものとみなし、その一人に対してした支給は、全員に対してしたものとみなす。

第四節　遺族基礎年金
（支給要件）
第三十七条　遺族基礎年金は、被保険者又は被保険者であつた者が次の各号のいずれかに該当する場合に、その者の配偶者又は子に支給する。ただし、第一号又は第二号に該当する場合にあつては、死亡した者につき、死亡日の前日において、死亡日の属する月の前々月までに被保険者期間があり、かつ、当該被保険者期間に係る保険料納付済期間と保険料免除期間とを合算した期間が当該被保険者期間の三分の二に満たないときは、この限りでない。

一　被保険者が、死亡したとき。

二　被保険者であつた者であつて、日本国内に住所を有し、かつ、六十歳以上六十五歳未満であるものが、死亡したとき。

三　老齢基礎年金の受給権者（保険料納付済期間と保険料免除期間とを合算した期間が二十五年以上である者に限る。）が、死亡したとき。

四　保険料納付済期間と保険料免除期間とを合算した期間が二十五年以上である者が、死亡したとき。

（遺族の範囲）
第三十七条の二　遺族基礎年金を受けることができる配偶者又は子は、被保険者又は被保険者であつた者の配偶者又は子（以下単に「配偶者」又は「子」という。）であつて、被保険者又は被保険者であつた者の死亡の当時その者によつて生計を維持し、かつ、次に掲げる要件に該当したものとする。

一　配偶者については、被保険者又は被保険者であつた者の死亡の当時その者によつて生計を維持し、かつ、次号に掲げる要件に該当する子と生計を同じくすること。

二　子については、十八歳に達する日以後の最初の三月三十一日までの間にあるか又は二十歳未満であつて障害等級に該当する障害の状態にあり、かつ、現に婚姻をしていないこと。

2　被保険者又は被保険者であつた者の死亡の当時胎児であつた子が生まれたときは、前項の規定の適用については、将来に向かつて、その子は、被保険者又は被保険者であつた者の死亡の当時その者によつて生計を維持していたものとみなし、配偶者は、その者の死亡の当時その子と生計を同じくしていたものとみなす。

3　第一項の規定の適用上、被保険者又は被保険者であつた者によつて生計を維持していたことの認定に関し必要な事項は、政令で定める。

（年金額）
第三十八条　遺族基礎年金の額は、七十八万九百円に改定率を乗じて得た額（その額に五十円未満の端数が生じたときは、これを切り捨て、五十円以上百円未満の端数が生じたときは、これを百円に切り上げるものとする。）とする。

第三十九条　配偶者に支給する遺族基礎年金の額は、前条の規定にかかわらず、同条に定める額に

配偶者が遺族基礎年金の受給権を取得した当時第三十七条の二第一項に規定する要件に該当し、かつ、その者と生計を同じくした子につきそれぞれ七万四千九百円に改定率（第二十七条の三及び第二十七条の五の規定の適用がないものとして改定した改定率とする。以下この項において同じ。）を乗じて得た額（そのうち二人までについては、それぞれ二十二万四千七百円に改定率を乗じて得た額とし、それらの額に五十円未満の端数が生じたときは、これを切り捨て、五十円以上百円未満の端数が生じたときは、これを百円に切り上げるものとする。）を加算した額とする。

2　配偶者が遺族基礎年金の受給権を取得した当時胎児であつた子が生まれたときは、前項の規定の適用については、その子は、配偶者がその権利を取得した当時第三十七条の二第一項に規定する要件に該当し、かつ、その者と生計を同じくした子とみなし、その生まれた日の属する月の翌月から、遺族基礎年金の額を改定する。

3　配偶者に支給する遺族基礎年金については、第一項に規定する子が二人以上ある場合であつて、その子のうち一人を除いた子の一人又は二人以上が次の各号のいずれかに該当するに至つたときは、その該当するに至つた日の属する月の翌月から、その該当するに至つた子の数に応じて、年金額を改定する。

一　死亡したとき。
二　婚姻（届出をしていないが、事実上婚姻関係と同様の事情にある場合を含む。以下同じ。）をしたとき。
三　配偶者以外の者の養子（届出をしていないが、事実上養子縁組関係と同様の事情にある者を含む。以下同じ。）となつたとき。
四　離縁によつて、死亡した被保険者又は被保険者であつた者の子でなくなつたとき。
五　配偶者と生計を同じくしなくなつたとき。
六　十八歳に達した日以後の最初の三月三十一日が終了したとき。ただし、障害等級に該当する障害の状態にあるときを除く。
七　障害等級に該当する障害の状態にある子について、その事情がやんだとき。ただし、その子が十八歳に達する日以後の最初の三月三十一日までの間にあるときを除く。
八　二十歳に達したとき。

第三十九条の二　子に支給する遺族基礎年金の額は、当該被保険者又は被保険者であつた者の死亡について遺族基礎年金の受給権を取得した子が二人以上あるときは、第三十八条の規定にかかわらず、同条に定める額にその子のうち一人を除いた子につきそれぞれ七万四千九百円に改定率（第二十七条の三及び第二十七条の五の規定の適用がないものとして改定した改定率とする。以下この項において同じ。）を乗じて得た額（そのうち一人については、二十二万四千七百円に改定率を乗じて得た額とし、それらの額に五十円未満の端数が生じたときは、これを切り捨て、五十円以上百円未満の端数が生じたときは、これを百円に切り上げるものとする。）を加算した額を、その子の数で除して得た額とする。

2　前項の場合において、遺族基礎年金の受給権を有する子の数に増減を生じたときは、増減を生じた日の属する月の翌月から、遺族基礎年金の額を改定する。

（失権）
第四十条　遺族基礎年金の受給権は、受給権者が次の各号のいずれかに該当するに至つたときは、消滅する。
一　死亡したとき。

二　婚姻をしたとき。

三　養子となつたとき（直系血族又は直系姻族の養子となつたときを除く。）。

2　配偶者の有する遺族基礎年金の受給権は、前項の規定によつて消滅するほか、第三十九条第一項に規定する子が一人であるときはその子が、同項に規定する子が二人以上であるときは同時に又は時を異にしてその全ての子が、同条第三項各号のいずれかに該当するに至つたときは、消滅する。

3　子の有する遺族基礎年金の受給権は、第一項の規定によつて消滅するほか、子が次の各号のいずれかに該当するに至つたときは、消滅する。

一　離縁によつて、死亡した被保険者又は被保険者であつた者の子でなくなつたとき。

二　十八歳に達した日以後の最初の三月三十一日が終了したとき。ただし、障害等級に該当する障害の状態にあるときを除く。

三　障害等級に該当する障害の状態にある子について、その事情がやんだとき。ただし、その子が十八歳に達する日以後の最初の三月三十一日までの間にあるときを除く。

四　二十歳に達したとき。

（支給停止）

第四十一条　遺族基礎年金は、当該被保険者又は被保険者であつた者の死亡について、労働基準法の規定による遺族補償が行われるべきものであるときは、死亡日から六年間、その支給を停止する。

2　子に対する遺族基礎年金は、配偶者が遺族基礎年金の受給権を有するとき（配偶者に対する遺族基礎年金が第二十条の二第一項若しくは第二項又は次条第一項の規定によりその支給を停止されているときを除く。）、又は生計を同じくするその子の父若しくは母があるときは、その間、その支給を停止する。

第四十一条の二　配偶者に対する遺族基礎年金は、その者の所在が一年以上明らかでないときは、遺族基礎年金の受給権を有する子の申請によつて、その所在が明らかでなくなつた時に遡つて、その支給を停止する。

2　配偶者は、いつでも、前項の規定による支給の停止の解除を申請することができる。

第四十二条　遺族基礎年金の受給権を有する子が二人以上ある場合において、その子のうち一人以上の子の所在が一年以上明らかでないときは、その子に対する遺族基礎年金は、他の子の申請によつて、その所在が明らかでなくなつた時にさかのぼつて、その支給を停止する。

2　前項の規定によつて遺族基礎年金の支給を停止された子は、いつでも、その支給の停止の解除を申請することができる。

3　第三十九条の二第二項の規定は、第一項の規定により遺族基礎年金の支給が停止され、又は前項の規定によりその停止が解除された場合に準用する。この場合において、同条第二項中「増減を生じた日」とあるのは、「支給が停止され、又はその停止が解除された日」と読み替えるものとする。

第五節　付加年金、寡婦年金及び死亡一時金

第二款　寡婦年金

（支給要件）

第四十九条　寡婦年金は、死亡日の前日において死亡日の属する月の前月までの第一号被保険者としての被保険者期間に係る保険料納付済期間と保険料免除期間とを合算した期間が十年以上である夫（保険料納付済期間又は第九十条の三第一項の規定により納付することを要しないものとされた保険料に係る期間以外の保険料免除期間を有する者に限る。）が死亡した場合において、夫の死亡の当時夫によつて生計を維持し、かつ、夫との婚姻関係（届出をしていないが、事実上婚姻関係と同様の事情にある場合を含む。）が十年以上継続した六十五歳未満の妻があるときに、その者に支給する。ただし、老齢基礎年金又は障害基礎年金の支給を受けたことがある夫が死亡したときは、この限りでない。

2　第三十七条の二第三項の規定は、前項の場合に準用する。この場合において、同条第三項中「被保険者又は被保険者であつた者」とあるのは、「夫」と読み替えるものとする。

3　六十歳未満の妻に支給する寡婦年金は、第十八条第一項の規定にかかわらず、妻が六十歳に達した日の属する月の翌月から、その支給を始める。

（年金額）

第五十条　寡婦年金の額は、死亡日の属する月の前月までの第一号被保険者としての被保険者期間に係る死亡日の前日における保険料納付済期間及び保険料免除期間につき、第二十七条の規定の例によつて計算した額の四分の三に相当する額とする。

（失権）

第五十一条　寡婦年金の受給権は、受給権者が六十五歳に達したとき、又は第四十条第一項各号のいずれかに該当するに至つたときは、消滅する。

（支給停止）

第五十二条　寡婦年金は、当該夫の死亡について第四十一条第一項に規定する給付が行われるべきものであるときは、死亡日から六年間、その支給を停止する。

第三款　死亡一時金

（支給要件）

第五十二条の二　死亡一時金は、死亡日の前日において死亡日の属する月の前月までの第一号被保険者としての被保険者期間に係る保険料納付済期間の月数、保険料四分の一免除期間の月数の四分の三に相当する月数、保険料半額免除期間の月数の二分の一に相当する月数及び保険料四分の三免除期間の月数の四分の一に相当する月数を合算した月数が三十六月以上である者が死亡した場合において、その者に遺族があるときに、その遺族に支給する。ただし、老齢基礎年金又は障害基礎年金の支給を受けたことがある者が死亡したときは、この限りでない。

2　前項の規定にかかわらず、死亡一時金は、次の各号のいずれかに該当するときは、支給しない。

　一　死亡した者の死亡日においてその者の死亡により遺族基礎年金を受けることができる者があるとき。ただし、当該死亡日の属する月に当該遺族基礎年金の受給権が消滅したときを除く。

　二　死亡した者の死亡日において胎児である子がある場合であつて、当該胎児であつた子が生まれた日においてその子又は死亡した者の配偶者が死亡した者の死亡により遺族基礎年金を受け

ることができるに至つたとき。ただし、当該胎児であつた子が生まれた日の属する月に当該遺族基礎年金の受給権が消滅したときを除く。

3　第一項に規定する死亡した者の子がその者の死亡により遺族基礎年金の受給権を取得した場合（その者の死亡によりその者の配偶者が遺族基礎年金の受給権を取得した場合を除く。）であつて、その受給権を取得した当時その子と生計を同じくするその子の父又は母があることにより第四十一条第二項の規定によつて当該遺族基礎年金の支給が停止されるものであるときは、前項の規定は適用しない。

（遺族の範囲及び順位等）

第五十二条の三　死亡一時金を受けることができる遺族は、死亡した者の配偶者、子、父母、孫、祖父母又は兄弟姉妹であつて、その者の死亡の当時その者と生計を同じくしていたものとする。ただし、前条第三項の規定に該当する場合において支給する死亡一時金を受けることができる遺族は、死亡した者の配偶者であつて、その者の死亡の当時その者と生計を同じくしていたものとする。

2　死亡一時金（前項ただし書に規定するものを除く。次項において同じ。）を受けるべき者の順位は、前項に規定する順序による。

3　死亡一時金を受けるべき同順位の遺族が二人以上あるときは、その一人のした請求は、全員のためその全額につきしたものとみなし、その一人に対してした支給は、全員に対してしたものとみなす。

（金額）

第五十二条の四　死亡一時金の額は、死亡日の属する月の前月までの第一号被保険者としての被保険者期間に係る死亡日の前日における保険料納付済期間の月数、保険料四分の一免除期間の月数の四分の三に相当する月数、保険料半額免除期間の月数の二分の一に相当する月数及び保険料四分の三免除期間の月数の四分の一に相当する月数を合算した月数に応じて、それぞれ次の表の下欄に定める額とする。

死亡日の属する月の前月までの被保険者期間に係る死亡日の前日における保険料納付済期間の月数、保険料四分の一免除期間の月数の四分の三に相当する月数、保険料半額免除期間の月数の二分の一に相当する月数及び保険料四分の三免除期間の月数の四分の一に相当する月数を合算した月数	金額
三六月以上一八〇月未満	一二〇、〇〇〇円
一八〇月以上二四〇月未満	一四五、〇〇〇円
二四〇月以上三〇〇月未満	一七〇、〇〇〇円
三〇〇月以上三六〇月未満	二二〇、〇〇〇円
三六〇月以上四二〇月未満	二七〇、〇〇〇円
四二〇月以上	三二〇、〇〇〇円

2　死亡日の属する月の前月までの第一号被保険者としての被保険者期間に係る死亡日の前日における第八十七条の二第一項の規定による保険料に係る保険料納付済期間が三年以上である者の遺族に支給する死亡一時金の額は、前項の規定にかかわらず、同項に定める額に八千五百円を加算した額とする。

第五十二条の五　第四十五条第一項の規定は、死亡一時金について準用する。この場合において、同項中「前二条」とあるのは、「第五十二条の四第二項」と読み替えるものとする。

（支給の調整）
第五十二条の六　第五十二条の三の規定により死亡一時金の支給を受ける者が、第五十二条の二第一項に規定する者の死亡により寡婦年金を受けることができるときは、その者の選択により、死亡一時金と寡婦年金とのうち、その一を支給し、他は支給しない。

国家公務員共済組合法

昭和三十三年法律第百二十八号

第四章　給付

（遺族の順位）
第四十二条　給付を受けるべき遺族の順位は、次の各号の順序とする。
　　一　配偶者及び子
　　二　父母
　　三　孫
　　四　祖父母
2　前項の場合において、父母については養父母、実父母の順とし、祖父母については養父母の養父母、養父母の実父母、実父母の養父母、実父母の実父母の順とする。
3　第一項の規定にかかわらず、父母は配偶者又は子が、孫は配偶者、子又は父母が、祖父母は配偶者、子、父母又は孫が給付を受けるべき権利を有することとなつたときは、それぞれ当該給付を受けることができる遺族としない。
4　先順位者となることができる者が後順位者より後に生じ、又は同順位者となることができる者がその他の同順位者である者より後に生じたときは、その先順位者又は同順位者となることができる者については、前三項の規定は、その生じた日から適用する。

（同順位者が二人以上ある場合の給付）
第四十三条　前条の規定により給付を受けるべき遺族に同順位者が二人以上あるときは、その給付は、その人数によつて等分して支給する。

（支払未済の給付の受給者の特例）
第四十四条　受給権者が死亡した場合において、その者が支給を受けることができた給付でその支払を受けなかつたものがあるときは、これをその者の配偶者、子、父母、孫、祖父母、兄弟姉妹又はこれらの者以外の三親等内の親族であつて、その者の死亡の当時その者と生計を共にしていたもの（次条第二項において「親族」という。）に支給する。
2　前項の場合において、死亡した者が公務遺族年金の受給権者である妻であつたときは、その者の死亡の当時その者と生計を共にしていた組合員又は組合員であつた者の子であつて、その者の死亡によつて公務遺族年金の支給の停止が解除されたものは、同項に規定する子とみなす。
3　第一項の規定による給付を受けるべき者の順位は、政令で定める。
4　第一項の規定による給付を受けるべき同順位者が二人以上あるときは、その全額をその一人に支給することができるものとし、この場合において、その一人にした支給は、全員に対してしたものとみなす。

第三節　長期給付

第二款　厚生年金保険給付

（厚生年金保険給付の種類等）

第七十三条　この法律における厚生年金保険給付は、厚生年金保険法第三十二条に規定する次に掲げる保険給付（同法第二条の五第一項第二号に規定する第二号厚生年金被保険者期間に基づくものに限る。）とする。

一　老齢厚生年金

二　障害厚生年金及び障害手当金

三　遺族厚生年金

2　第一節（第三十九条第一項及び第四十五条を除く。）及び次節（第九十六条を除く。）並びに第八章（第百十六条、第百十七条の二、第百二十四条の二から第百二十六条の三まで及び第百二十六条の六から第百二十七条までを除く。）の規定は、厚生年金保険給付については、適用しない。

第三款　退職等年金給付

第四目　公務遺族年金

（公務遺族年金の受給権者）

第八十九条　組合員又は組合員であつた者が次の各号のいずれかに該当するときは、その者の遺族に公務遺族年金を支給する。

一　組合員が、公務傷病により死亡したとき（公務により行方不明となり、失踪の宣告を受けたことにより死亡したとみなされたときを含む。）。

二　組合員であつた者が、退職後に、組合員であつた間に初診日がある公務傷病により当該初診日から起算して五年を経過する日前に死亡したとき。

三　障害等級の一級又は二級に該当する障害の状態にある公務障害年金の受給権者が当該公務障害年金の給付事由となつた公務傷病により死亡したとき。

2　一年以上の引き続く組合員期間を有し、かつ、国民年金法第五条第一項に規定する保険料納付済期間、同条第二項に規定する保険料免除期間及び同法附則第九条第一項に規定する合算対象期間を合算した期間が二十五年以上である者が、公務傷病により死亡したときの前項の規定の適用については、同項第二号中「当該初診日から起算して五年を経過する日前に死亡した」とあるのは「死亡した」と、同項第三号中「の一級又は二級に該当する」とあるのは「に該当する」とする。

（公務遺族年金の額）

第九十条　公務遺族年金の額は、公務遺族年金の額の算定の基礎となるべき額（次項において「公務遺族年金算定基礎額」という。）を、組合員又は組合員であつた者の死亡の日における年齢（その者の年齢が六十四歳に満たないときは、六十四歳）に応じた終身年金現価率で除して得た金額に調整率を乗じて得た金額とする。

2　公務遺族年金算定基礎額は、給付算定基礎額に二・二五を乗じて得た額（組合員期間の月数が三百月未満であるときは、当該乗じて得た額を組合員期間の月数で除して得た額に三百を乗じて得た額）とする。

3　第一項に規定する者が退職年金の受給権者である場合における前項の規定の適用については、同項中「給付算定基礎額」とあるのは、「死亡した日におけるその者の終身退職年金算定基礎額（その者の組合員期間が十年に満たないときは、当該終身退職年金算定基礎額に二を乗じて得た

額）に二を乗じて得た額」とする。

4　第一項に規定する組合員又は組合員であつた者の年齢については、第七十八条第四項の規定を準用する。

5　第一項に規定する調整率は、各年度における改定率を公務遺族年金の給付事由が生じた日の属する年度における改定率で除して得た率とする。

6　第一項の規定による公務遺族年金の額が百三万八千百円に改定率を乗じて得た金額から厚生年金相当額を控除して得た金額より少ないときは、当該控除して得た金額を当該公務遺族年金の額とする。

7　前項に規定する厚生年金相当額は、公務遺族年金の受給権者が受ける権利を有する厚生年金保険法による遺族厚生年金の額（同法第五十八条第一項ただし書の規定により同法による遺族厚生年金を受ける権利を有しないときは同項ただし書の規定の適用がないものとして同法の規定の例により算定した額）、同法による老齢厚生年金の額、同法による障害厚生年金の額（同法第四十七条第一項ただし書の規定により障害厚生年金を受ける権利を有しないときは同法第四十七条第一項ただし書の規定の適用がないものとして同法の規定の例により算定した額）、同法による年金たる保険給付に相当するものとして政令で定めるものの額又はその者が二以上のこれらの年金である給付を併せて受けることができる場合におけるこれらの年金である給付の額の合計額のうち最も高い額をいう。

8　前各項に定めるもののほか、公務遺族年金の額の計算に関し必要な事項は、財務省令で定める。

（公務遺族年金の支給の停止）

第九十一条　夫、父母又は祖父母に対する公務遺族年金は、その者が六十歳に達するまでは、その支給を停止する。ただし、夫に対する公務遺族年金については、当該組合員又は組合員であつた者の死亡について、夫が国民年金法による遺族基礎年金を受ける権利を有するときは、この限りでない。

2　子に対する公務遺族年金は、配偶者が公務遺族年金を受ける権利を有する間、その支給を停止する。ただし、配偶者に対する公務遺族年金が第七十五条の五第一項、前項本文、次項本文又は次条第一項の規定によりその支給を停止されている間は、この限りでない。

3　配偶者に対する公務遺族年金は、当該組合員又は組合員であつた者の死亡について、配偶者が国民年金法による遺族基礎年金を受ける権利を有しない場合であつて子が当該遺族基礎年金を受ける権利を有するときは、その間、その支給を停止する。ただし、子に対する公務遺族年金が次条第一項の規定によりその支給を停止されている間は、この限りでない。

4　第二項本文の規定により年金の支給を停止した場合においては、その停止している期間、その年金は、配偶者に支給する。

5　第三項本文の規定により年金の支給を停止した場合においては、その停止している期間、その年金は、子に支給する。

第九十二条　公務遺族年金の受給権者が一年以上所在不明である場合には、同順位者があるときは同順位者の申請により、その所在不明である間、当該受給権者の受けるべき公務遺族年金の支給を停止することができる。

2　前項の規定により年金の支給を停止した場合には、その停止している期間、その年金は、同順位者から申請があつたときは同順位者に支給する。

（公務遺族年金の失権）

第九十三条　公務遺族年金の受給権者は、次の各号のいずれかに該当するに至つたときは、その権利を失う。

一　死亡したとき。

二　婚姻をしたとき（届出をしていないが、事実上婚姻関係と同様の事情にある者となつたときを含む。）。

三　直系血族及び直系姻族以外の者の養子（届出をしていないが、事実上養子縁組関係と同様の事情にある者を含む。）となつたとき。

四　死亡した組合員であつた者との親族関係が離縁によつて終了したとき。

五　次のイ又はロに掲げる区分に応じ、当該イ又はロに定める日から起算して五年を経過したとき。

　イ　公務遺族年金の受給権を取得した当時三十歳未満である妻が当該公務遺族年金と同一の給付事由に基づく国民年金法による遺族基礎年金の受給権を取得しないとき　当該公務遺族年金の受給権を取得した日

　ロ　公務遺族年金と当該公務遺族年金と同一の給付事由に基づく国民年金法による遺族基礎年金の受給権を有する妻が三十歳に到達する日前に当該遺族基礎年金の受給権が消滅したとき　当該遺族基礎年金の受給権が消滅した日

2　公務遺族年金の受給権者である子又は孫は、次の各号のいずれかに該当するに至つたときは、その権利を失う。

一　子又は孫（障害等級の一級又は二級に該当する障害の状態にある子又は孫を除く。）について、十八歳に達した日以後の最初の三月三十一日が終了したとき。

二　障害等級の一級又は二級に該当する障害の状態にある子又は孫（十八歳に達する日以後の最初の三月三十一日までの間にある子又は孫を除く。）について、その事情がなくなつたとき。

三　子又は孫が、二十歳に達したとき。

労働基準法　　　　　　　　　　　　　　　　　　　昭和二十二年法律第四十九号

第八章　災害補償

（遺族補償）

第七十九条　労働者が業務上死亡した場合においては、使用者は、遺族に対して、平均賃金の千日分の遺族補償を行わなければならない。

（葬祭料）

第八十条　労働者が業務上死亡した場合においては、使用者は、葬祭を行う者に対して、平均賃金の六十日分の葬祭料を支払わなければならない。

労働者災害補償保険法　　　　　　　　　　　　　　昭和二十二年法律第五十号

第三章　保険給付

第二節　業務災害に関する保険給付

第十六条　遺族補償給付は、遺族補償年金又は遺族補償一時金とする。

第十六条の二　遺族補償年金を受けることができる遺族は、労働者の配偶者、子、父母、孫、祖父母及び兄弟姉妹であつて、労働者の死亡の当時その収入によつて生計を維持していたものとする。ただし、妻（婚姻の届出をしていないが、事実上婚姻関係と同様の事情にあつた者を含む。以下同じ。）以外の者にあつては、労働者の死亡の当時次の各号に掲げる要件に該当した場合に限るものとする。

　　一　夫（婚姻の届出をしていないが、事実上婚姻関係と同様の事情にあつた者を含む。以下同じ。）、父母又は祖父母については、六十歳以上であること。

　　二　子又は孫については、十八歳に達する日以後の最初の三月三十一日までの間にあること。

　　三　兄弟姉妹については、十八歳に達する日以後の最初の三月三十一日までの間にあること又は六十歳以上であること。

　　四　前三号の要件に該当しない夫、子、父母、孫、祖父母又は兄弟姉妹については、厚生労働省令で定める障害の状態にあること。

　　②　労働者の死亡の当時胎児であつた子が出生したときは、前項の規定の適用については、将来に向かつて、その子は、労働者の死亡の当時その収入によつて生計を維持していた子とみなす。

　　③　遺族補償年金を受けるべき遺族の順位は、配偶者、子、父母、孫、祖父母及び兄弟姉妹の順序とする。

第十六条の三　遺族補償年金の額は、別表第一に規定する額とする。

②　遺族補償年金を受ける権利を有する者が二人以上あるときは、遺族補償年金の額は、前項の規定にかかわらず、別表第一に規定する額をその人数で除して得た額とする。

③　遺族補償年金の額の算定の基礎となる遺族の数に増減を生じたときは、その増減を生じた月の翌月から、遺族補償年金の額を改定する。

④　遺族補償年金を受ける権利を有する遺族が妻であり、かつ、当該妻と生計を同じくしている遺族補償年金を受けることができる遺族がない場合において、当該妻が次の各号の一に該当するに至つたときは、その該当するに至つた月の翌月から、遺族補償年金の額を改定する。

　　一　五十五歳に達したとき（別表第一の厚生労働省令で定める障害の状態にあるときを除く。）。

　　二　別表第一の厚生労働省令で定める障害の状態になり、又はその事情がなくなつたとき（五十五歳以上であるときを除く。）。

第十六条の四　遺族補償年金を受ける権利は、その権利を有する遺族が次の各号の一に該当するに至つたときは、消滅する。この場合において、同順位者がなくて後順位者があるときは、次順位者に遺族補償年金を支給する。

　　一　死亡したとき。

　　二　婚姻（届出をしていないが、事実上婚姻関係と同様の事情にある場合を含む。）をしたとき。

　　三　直系血族又は直系姻族以外の者の養子（届出をしていないが、事実上養子縁組関係と同様の事情にある者を含む。）となつたとき。

　　四　離縁によつて、死亡した労働者との親族関係が終了したとき。

　　五　子、孫又は兄弟姉妹については、十八歳に達した日以後の最初の三月三十一日が終了したとき（労働者の死亡の時から引き続き第十六条の二第一項第四号の厚生労働省令で定める障害の状態にあるときを除く。）。

　　六　第十六条の二第一項第四号の厚生労働省令で定める障害の状態にある夫、子、父母、孫、祖

父母又は兄弟姉妹については、その事情がなくなつたとき（夫、父母又は祖父母については、労働者の死亡の当時六十歳以上であつたとき、子又は孫については、十八歳に達する日以後の最初の三月三十一日までの間にあるとき、兄弟姉妹については、十八歳に達する日以後の最初の三月三十一日までの間にあるか又は労働者の死亡の当時六十歳以上であつたときを除く。）。

② 遺族補償年金を受けることができる遺族が前項各号の一に該当するに至つたときは、その者は、遺族補償年金を受けることができる遺族でなくなる。

第十六条の五 遺族補償年金を受ける権利を有する者の所在が一年以上明らかでない場合には、当該遺族補償年金は、同順位者があるときは同順位者の、同順位者がないときは次順位者の申請によつて、その所在が明らかでない間、その支給を停止する。この場合において、同順位者がないときは、その間、次順位者を先順位者とする。

② 前項の規定により遺族補償年金の支給を停止された遺族は、いつでも、その支給の停止の解除を申請することができる。

③ 第十六条の三第三項の規定は、第一項の規定により遺族補償年金の支給が停止され、又は前項の規定によりその停止が解除された場合に準用する。この場合において、同条第三項中「増減を生じた月」とあるのは、「支給が停止され、又はその停止が解除された月」と読み替えるものとする。

第十六条の六 遺族補償一時金は、次の場合に支給する。

一 労働者の死亡の当時遺族補償年金を受けることができる遺族がないとき。

二 遺族補償年金を受ける権利を有する者の権利が消滅した場合において、他に当該遺族補償年金を受けることができる遺族がなく、かつ、当該労働者の死亡に関し支給された遺族補償年金の額の合計額が当該権利が消滅した日において前号に掲げる場合に該当することとなるものとしたときに支給されることとなる遺族補償一時金の額に満たないとき。

② 前項第二号に規定する遺族補償年金の額の合計額を計算する場合には、同号に規定する権利が消滅した日の属する年度（当該権利が消滅した日の属する月が四月から七月までの月に該当する場合にあつては、その前年度。以下この項において同じ。）の七月以前の分として支給された遺族補償年金の額については、その現に支給された額に当該権利が消滅した日の属する年度の前年度の平均給与額を当該遺族補償年金の支給の対象とされた月の属する年度の前年度（当該月が四月から七月までの月に該当する場合にあつては、前々年度）の平均給与額で除して得た率を基準として厚生労働大臣が定める率を乗じて得た額により算定するものとする。

第十六条の七 遺族補償一時金を受けることができる遺族は、次の各号に掲げる者とする。

一 配偶者

二 労働者の死亡の当時その収入によつて生計を維持していた子、父母、孫及び祖父母

三 前号に該当しない子、父母、孫及び祖父母並びに兄弟姉妹

② 遺族補償一時金を受けるべき遺族の順位は、前項各号の順序により、同項第二号及び第三号に掲げる者のうちにあつては、それぞれ、当該各号に掲げる順序による。

第十六条の八 遺族補償一時金の額は、別表第二に規定する額とする。

② 第十六条の三第二項の規定は、遺族補償一時金の額について準用する。この場合において、同項中「別表第一」とあるのは、「別表第二」と読み替えるものとする。

第十六条の九　労働者を故意に死亡させた者は、遺族補償給付を受けることができる遺族としない。

②　労働者の死亡前に、当該労働者の死亡によつて遺族補償年金を受けることができる先順位又は同順位の遺族となるべき者を故意に死亡させた者は、遺族補償年金を受けることができる遺族としない。

③　遺族補償年金を受けることができる遺族を故意に死亡させた者は、遺族補償一時金を受けることができる遺族としない。労働者の死亡前に、当該労働者の死亡によつて遺族補償年金を受けることができる遺族となるべき者を故意に死亡させた者も、同様とする。

④　遺族補償年金を受けることができる遺族が、遺族補償年金を受けることができる先順位又は同順位の他の遺族を故意に死亡させたときは、その者は、遺族補償年金を受けることができる遺族でなくなる。この場合において、その者が遺族補償年金を受ける権利を有する者であるときは、その権利は、消滅する。

⑤　前項後段の場合には、第十六条の四第一項後段の規定を準用する。

第十七条　葬祭料は、通常葬祭に要する費用を考慮して厚生労働大臣が定める金額とする。

国家公務員公務災害とは

人事院ホームページより一部抜粋「国家公務員災害補償制度について」

国家公務員災害補償制度は、一般職の国家公務員(非常勤職員、行政執行法人の職員等を含みます。)が公務上又は通勤による災害(負傷、疾病、障害又は死亡をいいます。)を受けた場合に、被災職員・遺族に対し災害によって生じた損害を補償し、併せて被災職員の社会復帰の促進、被災職員・遺族の援護を図るために必要な福祉事業を行う制度です。公務員災害補償制度による補償を受けるためには、被災職員が公務災害認定請求書(様式1)を提出し、公務災害の認定を受ける必要があります。公務災害の認定を受けるためには、以下の基準を満たしている必要があります。

(1) 公務災害の認定基準

公務災害とは、公務に起因し、または公務と相当因果関係をもって生じた災害のことをいいます。公務災害が認定されるためには、「公務遂行性」および「公務起因性」の二つの要件を満たす必要があります。

① 公務遂行性

公務遂行性とは、公務員が公務に従事していることをいい、任命権者の支配下にあるということが必要になります。

② 公務起因性

公務起因性とは災害と公務の間に相当因果関係があることをいいます。単なる条件関係があるだけでは足りず、「あのような職務に従事していたならば、そのような災害が発生しうるであろうし、そのような災害が発生すれば、このような傷病等が生ずるであろう」といった発生後における客観的な蓋然性、すなわち、傷病等の原因のうち、公務が相対的に有力な原因であると認められることをいいます。

公務災害の認定は、上記の基準で判断されます。公務上の負傷の場合には、公務遂行性の要件を満たすときには、公務起因性の要件が否定されることは少ないですが、公務上の疾病の場合には、公務の過重性などに起因して発病したかどうかなど公務起因性の要件が慎重に判断されることになります。

(2) 災害事例

公務災害ごとの具体的な例は次の通りです。

① 公務上の負傷

通常又は臨時に割り当てられた職務遂行中の負傷

職務遂行に伴う合理的行為中の負傷

職務遂行に必要な準備行為又は後始末行為中の負傷

救助行為中の負傷、防護行為中の負傷

出張又は赴任の期間中の負傷、特別の事情下の出勤又は退勤途上の負傷

レクリエーションに参加中の負傷

設備の不完全または管理上の不注意による負傷

入居が義務付けられている宿舎の不完全または管理上の不注意による負傷

公務上の負傷または疾病と相当因果関係をもって発生した負傷

その他、公務と相当因果関係をもって発生した負傷

② 公務上の疾病

公務上の負傷に起因する疾病、認定基準で掲げられた職業病

その他公務に起因することが明らかな疾病

③ 通勤災害

労働者が通勤により被った負傷、疾病、障害又は死亡を言います。この場合の「通勤」とは、就業に関し、次に掲げる移動を、合理的な経路及び方法により行うことをいい業務の性質を有する者を除くとされています。

・住居と就業の場所との間の往復

・就業の場所から他の就業の場所への移動

・住居と就業の場所との間の往復に先行し、又は後続する住居間の移動

なお、合理的な経路及び方法移動の経路を逸脱し、又は移動を中断した場合には、逸脱又は中断の間及びその後の移動は「通勤」とはなりません。

ただし、逸脱又は中断が日常生活上必要な行為であって、厚生労働省令で定めるやむを得ない事由により行うための最小限度のものである場合は、逸脱又は中断の間を除き「通勤」となります。通勤災害とされるためには、その前提として、労働者の就業に関する移動が労災保険法における通勤の要件を満たしている必要があります。

(3) 給付

① 療養補償

療養補償とは、公務員が公務災害と認定された怪我や病気について、それらが治癒（症状固定）するまでに必要となる治療費などの費用を支給するものです。療養補償の範囲については、療養上相当と認められるものに限られます。

② 休業補償

休業補償とは、公務災害によって療養のために勤務できない場合、その間の給与の損失を補填するものです。勤務することができない期間1日につき平均給与額の60/100に相当する額が支給されます。なお、別途休業援護金として、勤務することができない期間1日につき平均給与額の20/100に相当する額が支給されますので、これらによって実質的には、平均給与額の80/100が補償されることになります。

③ 傷病補償年金

療養の開始後1年6月を経過した日において、傷病が治らず、その傷病による障害の程度が傷病等級（第1級～第3級）に該当する場合、傷病等級に応じ、以下の年金が支給されます。

第1級	平均給与額の313日分
第2級	平均給与額の277日分
第3級	平均給与額の245日分

「平均給与額」とは職員の1日分の稼得能力を表すもので、原則として、事故発生日前3か月間の給与（期末手当・勤勉手当を除きます。）の総額をその期間の総日数で除して得た額（1日分の給与の平均額）です。なお、年金たる補償及び長期療養者（療養開始後1年6月経過後）の休業補償に係る平均給与額については、年齢階層別に最低・最高限度額が設けられています。

④ 障害補償年金

障害補償とは、公務災害と認定された傷病が治癒（症状固定）したものの、障害が残ったとき

にその障害の程度に応じて支給されるものです。障害補償には、障害等級第1級から7級までに支給される障害補償年金と障害等級第8級から14級までに支給される障害補償一時金の二種類があります。また、障害補償の受給権者には、障害特別支給金および障害特別援護金が一時金としてそれぞれ支給されます。

第1級	平均給与額の313日分
第2級	平均給与額の277日分
第3級	平均給与額の245日分
第4級	平均給与額の213日分
第5級	平均給与額の184日分
第6級	平均給与額の156日分
第7級	平均給与額の131日分

⑤　障害補償一時金

　傷病が治癒（症状固定）したとき、障害等級第8級～第14級に該当する障害が残った場合、障害等級に応じ、以下の一時金が支給されます。

第8級	平均給与額の503日分
第9級	平均給与額の391日分
第10級	平均給与額の302日分
第11級	平均給与額の223日分
第12級	平均給与額の156日分
第13級	平均給与額の101日分
第14級	平均給与額の56日分

⑥　介護補償

　傷病補償年金又は障害補償年金の受給権者が、年金の支給事由となった障害により、常時又は随時介護を要する状態にあり、かつ、介護を受けている場合に、障害の程度、介護の形態に応じ、人事院が定める額を支給します。（人事院規則16—0第二十八条の三、災害補償制度の運用について(昭和48年職厚—905)第十一の二)

⑦　遺族補償年金

　遺族補償とは、公務員が公務災害によって死亡した場合に、その遺族に対して支給されるものです。遺族補償には、遺族補償年金と遺族補償一時金の2種類があります。

1人	平均給与額の153日分（ただし、55歳以上の妻又は一定の障害の状態にある妻の場合は平均給与額の175日分）
2人	平均給与額の201日分
3人	平均給与額の223日分
4人以上	平均給与額の245日分

⑧　遺族補償一時金

　公務上又は通勤により死亡した場合において、遺族補償年金を受けることができる遺族がないとき、遺族の区分に応じ、平均給与額の1,000日分、700日分又は400日分の一時金を支給されます。また、遺族補償年金の受給権者が権利を失った場合において、他に遺族補償年金を受けることができる遺族がなく、既に支給された年金の合計額が①の額に満たないとき、その差額を支給されます。

⑨　葬祭補償

公務上又は通勤により死亡した場合、葬祭を行う者に対し、315,000円に平均給与額の30日分を加えた額（これが平均給与額の60日分を下回るときは平均給与額の60日分の額）を支給します。対象公務員の遺族であり、社会通念上葬祭を行うとみられる方に対して、31万5000円に平均給与額の30日分相当額を加えた額（この額が平均給与額の60日分相当額に満たないときは、当該平均給与額の60日分相当額）が葬祭補償として支給されます。

⑩　障害補償年金差額一時金

障害補償年金の受給権者が死亡した場合において、その者に既に支給された障害補償年金及び障害補償年金前払一時金の合計額が障害等級に応じた一定額（第1級で平均給与額の1,340日分、第7級で平均給与額の560日分）に満たないとき、遺族にその差額が支給されます。

⑪　障害補償年金前払一時金

障害補償年金の受給権者から申出があった場合、年金に代えて、障害等級に応じ平均給与額の1,340日分～560日分の範囲内の額が支給されます。

⑫　遺族補償年金前払一時金

遺族補償年金の受給権者から申出があった場合、年金に代えて、平均給与額の1,000日分の範囲内の額が支給されます。

⑬　予後補償

船員が公務負傷し、又は疾病にかかり、治った後勤務できない場合において、給与を受けないとき、1月間を限度に、平均給与額の60/100が支給されます。

⑭　行方不明補償

船員が公務上行方不明になった場合に、その被扶養者に対し、行方不明の間（3月間を限度）平均給与額に相当する額が支給されます。

地方公務員災害補償法に定める職員が、公務や通勤により負傷や疾病にかかった場合は、「地方公務員災害補償基金」が各種の補償を実施することになっています。基金とは、法に基づき、地方公共団体に代わって補償を行う機関として設立された法人で、本部が東京に、支部が各都道府県及び政令指定都市に置かれています。

企業年金等

企業年金連合会ホームページより

企業年金連合会

企業年金連合会は、企業年金の通算センターとして、企業年金（厚生年金基金または確定給付企業年金）を脱退した者や、解散・制度終了した企業年金に加入していた者から年金原資を引き継ぎ、年金や一時金の給付を行っています。連合会が行っている給付の種類は次のとおりです。

●企業年金連合会の行う給付の種類

（1）基本年金

厚生年金基金の中途脱退者について、基本部分の支給義務を引き継いだ場合に支給する終身年金で、国の老齢厚生年金の代行部分を含んでいます。基本年金の年金額については中途脱退者が加入していた厚生年金基金の規約の定めにより算出されます。

基本年金は平成26年3月までに支給義務の移転の申出があった者について給付します。

（2）代行年金

厚生年金基金の解散基金加入員について、国の老齢厚生年金の受給権を取得した場合に支給

する終身年金です。代行年金の年金額は、当該解散基金加入員が解散した厚生年金基金に加入していた期間の国の老齢厚生年金（報酬比例部分のうち再評価・物価スライドを除いた部分）の額に相当する額になります。

　　代行年金は平成26年3月までに解散した基金の解散基金加入員について給付します。

(3)　通算企業年金

　　厚生年金基金または確定給付企業年金の中途脱退者が、資格喪失時に支給される脱退一時金相当額を連合会に移換した場合や、厚生年金基金の解散基金加入員または確定給付企業年金の制度終了加入者等が残余財産分配金を連合会へ移換した場合に支給する保証期間付きの終身年金です。

(4)　死亡一時金

　　通算企業年金の受給権者が、支給開始前又は保証期間（80歳に達するまで）を経過する前に死亡したときに遺族に支給する一時金です。

(5)　選択一時金

　　通算企業年金の受給権者が、裁定請求時又は支給開始後（保証期間経過前）に選択の申出を行った場合に支給する一時金です。

　　通算企業年金の年金原資を連合会に移換してから、死亡一時金や選択一時金を受給するまでの期間が短い場合は、連合会へ移換した金額を下回る場合があります。

厚生年金基金

　厚生年金基金とは、国の厚生年金の給付の一部を代行し、さらに企業が独自の上乗せ給付（プラスアルファ部分）をする終身年金の制度です。設立の形態により次の3つに分けられます。「単独型」とは、1,000人以上の1つの企業のみで設立、「連合型」とは、1,000人以上でグループ企業など資本関係がある企業で設立、最後に、業界や地域等企業同士が集まった「総合型」があります。事業主が負担する掛金は全額損金、加入員が負担する掛金は社会保険料控除の対象になります。厚生年金基金の給付は、それぞれの厚生年金基金の規約により定められています。

確定給付企業年金（DB）

　確定給付企業年金（DB）とは、原則として給付額を固定した企業年金制度で、掛金は原則として企業が拠出します。確定給付企業年金は「規約型」と「基金型」があり給付の届出先も異なります。

　「規約型」では、企業が生命保険会社もしくは信託会社（信託銀行等）と契約をします。企業は規約にもとづいて定期的に掛金を拠出し、生命保険会社・信託会社が年金資産を管理・運用し、年金給付を行います。一方「基金型」は、企業が法人格を持った企業年金基金を設立し、基金が、管理・運用・給付を行う企業年金制度です。規約型DBと異なり、母体企業とは別の法人を置くことに特徴があり、これにより、会社から独立した立場で、加入者と受給者の立場に立った制度運営が期待されます。

　確定給付企業年金の加入者が年金を受給する前、又は年金受給中に亡くなった場合、退職時に一時金として受け取っていなければ、一定の遺族の方が遺族給付金を受けられます。

　遺族給付金の受取方法は、実施企業の規約によって定められていて、年金または一時金で受けられます。遺族給付金を受給できる遺族は、配偶者、子、父母、孫、祖父母、兄弟姉妹および死亡当時生計維持されていたその他親族等になります。優先順位は実施企業の規約によるので、詳しくは元勤務先又は企業が企業年金事務を委託している金融機関等に問い合わせます。

　確定給付企業年金法には、受給権の消滅時効に関する規定がないため、時効については、民法の規定が適用されることになりますが、実施企業の規約によって異なります。

確定拠出年金（DC）

　確定拠出年金（DC）とは、毎月拠出する一定の金額を加入者自ら運用し、運用の成果により将来の

年金受取額が決まる年金制度です。確定拠出年金は、掛金を拠出するのが企業か個人かによって、企業型と個人型に分かれます。

　企業型確定拠出年金は、企業が従業員のために掛金を拠出する企業年金の一種です。掛金の拠出は原則として企業だけですが、規約によっては従業員も任意で掛金を拠出することができます。個人型確定拠出年金（iDeCo）は、個人が自ら加入し、掛金を拠出する年金制度です。掛金の拠出元が異なること以外は、企業型も個人型も制度の概要は同じです。

　なお、確定拠出年金加入者が、年金受給前や年金受給中に死亡した場合、一定の遺族が、死亡一時金を受け取ることができます。ただし、一時金を受けている場合は、死亡一時金をうけられません。

　確定拠出年金の死亡一時金の受取人は、民法の法定相続人の順位とは異なり、確定拠出年金法により優先順位が決められています。

死亡一時金受取人の順位
(1)　加入者が生前に指定していた受取人
(2)　配偶者（事実上の婚姻関係にある方含む）
(3)　加入者の死亡当時、加入者の収入によって生計を維持していた子、父母、孫、祖父母、兄弟姉妹
(4)　加入者の死亡当時、加入者の収入によって生計を維持していた上記2以外の親族
(5)　上記2に該当しない子、父母、孫、祖父母、兄弟姉妹

　死亡者が受取人を指定していた場合はその方が、指定していない場合は配偶者が優先され、配偶者がいない場合は生計維持関係にあった方が優先されます。

　詳しくは、企業型の場合は、勤務先の企業又は企業が確定拠出年金事務を委託している金融機関等に、個人型の場合は、死亡者のiDeCo口座のある金融機関や保険会社等に問い合わせます。

遺族給付の税金について

厚生年金や国民年金などの遺族年金
　次の法律に基づいて遺族の方に支給される遺族年金や遺族恩給は、所得税も相続税も課税されません。

　国民年金法、厚生年金保険法、恩給法、旧船員保険法、国家公務員共済組合法、地方公務員等共済組合法、私立学校教職員共済法、旧農林漁業団体職員共済組合法
(注)　これらの法律に基づいて支払を受ける年金の受給権者が死亡した場合において、その死亡した人に支給されるべき年金給付のうちまだ支給されていなかったもの（未支給年金）があるときには、その受給権者の遺族で一定の要件に該当する人がその人の名前でその未支給年金の支給を請求することができます。

　この遺族が支払を受ける未支給年金は、その遺族の固有の権利に基づいて支払を受けるものですので、その遺族の一時所得の収入金額に該当します（これらの法律の規定により課税されないものとされているものを除きます。）。

確定給付企業年金法などに基づく遺族年金
　遺族の方に支給される以下の年金などは、相続税の課税の対象になりますが、毎年受け取る年金には所得税が課税されません。

(1)　確定給付企業年金法第3条第1項に規定する確定給付企業年金に係る規約に基づいて支給される年金

(2)　所得税法施行令第73条第1項に規定する特定退職金共済団体が行う退職金共済に関する制度に基づいて支給される年金

(3)　法人税法附則第20条第3項に規定する適格退職年金契約に基づいて支給を受ける退職年金

国民年金基金

国民年金基金連合会ホームページより

国民年金基金制度は、国民年金法の規定に基づく公的な年金であり、国民年金（老齢基礎年金）とセットで、自営業者など国民年金の第1号被保険者の老後の所得保障の役割を担うものです。

国民年金基金の加入

国民年金基金は、厚生大臣（当時）の認可を受けた公的な法人で「全国国民年金基金」と3つの職種別に設立された「職能型国民年金基金」の2種類があります。

なお、加入する場合はいずれか一つの基金にしか加入できないので、選択することになります。

(1)全国国民年金基金に加入できるのは、国民年金の第1号被保険者の方であれば住所地や業種は問われません。

(2)職能型国民年金基金に加入できるのは、各基金に定められた事業または業務に従事する国民年金の第1号被保険者です。

日本国内に居住している20歳以上60歳未満の自営業者とその家族、自由業、学生などの国民年金の第1号被保険者および60歳以上65歳未満の方や海外に居住している方で国民年金の任意加入している方なら加入できます。厚生年金保険に加入している会社員（国民年金の第2号被保険者）とその被扶養配偶者（国民年金の第3号被保険者）は加入できません。

また、国民年金の第1号被保険者であっても、次の方は加入できません。

・国民年金の保険料が免除（一部免除・学生納付特例・納付猶予を含む）されている方

・農業者年金の被保険者の方

障害基礎年金（2級以上）を受給していて法定免除とされていても「国民年金保険料免除期間納付申出書」を年金事務所に提出して、国民年金保険料の納付申出をした期間は国民年金基金に加入することができます。また、産前産後期間の免除期間中も国民年金基金に加入することができ、資格喪失とはなりません。

国民年金基金の給付

国民年金基金の給付は、老齢年金と遺族一時金の2つがあります。基金の加入資格を途中で喪失した場合、一時金は支給されず、掛金を納めた期間に応じた年金が将来支給されます。

国民年金基金の資格の喪失

国民年金基金への加入は任意ですが、途中で任意に脱退することができません。国民年金基金の加入資格を喪失する理由は次のことに限られています。

・60歳になったとき（海外に転居し国民年金に任意加入されている場合を除く）

・65歳になったとき（国民年金に任意加入されている方）

・会社員になったときなど国民年金の第1号被保険者でなくなったとき（海外に転居したときを含みます）

・国民年金の任意加入被保険者でなくなったとき

・該当する事業または業務に従事しなくなったとき（職能型基金の場合）

・国民年金の保険料を免除（一部免除・学生納付特例・納付猶予を含む）されたとき

・農業者年金の被保険者になったとき

・加入者本人が死亡した場合

　職能型基金に加入している場合、該当する事業または業務に従事しなくなったときに加入資格を喪失しますが、引き続き加入資格のある国民年金基金に加入すると従前の掛金で加入できる特例があります。また、海外に転居したときは、国民年金基金の加入員資格を喪失しますが、国民年金の任意加入の手続きを行い、引き続き国民年金基金に加入する場合は、従前の掛金で加入できる特例もあります。どちらも、国民年金基金の加入手続きを３ヶ月以内に行うことが必要です。

　国民年金の保険料との関係

　国民年金基金の加入者で、国民年金本体の保険料を滞納した場合、その滞納期間に対する基金の年金給付は受けられません。国民年金本体の保険料を滞納した期間分の国民年金基金の掛金は返還されます。基金の給付を希望するなら、国民年金の保険料を納付（２年間遡及が可能）します。

　国民年金基金の掛け金

　国民年金基金の掛金上限は月額68,000円。加入は口数制で年金額や給付の型は自分で選択します。１口目は終身年金Ａ型またはＢ型から、２口目以降は７種類から組み合わせます。保証期間のあるＡ型とＩ〜Ⅴ型は、年金受給前や保証期間中に本人が死亡した場合に、掛金納付期間等に応じた遺族一時金が支給されます。１口目は、終身年金Ａ型、Ｂ型のいずれかを選択します。保証期間のあるＡ型は、年金受給前または保証期間中に亡くなられた場合、遺族の方に一時金が支給されます。２口目以降は、終身年金のＡ型、Ｂ型のほか、受給期間が定まっている確定年金のＩ型、Ⅱ型、Ⅲ型、Ⅳ型、Ⅴ型から選択します。これにより、将来の給付額が決まります。

●本書のお問い合わせについて

　本書の内容に関するご質問は、EメールかFAXにて弊社までお問い合わせください。

　なお、制度に関するご質問や、本書の内容に関わりないご質問はお受けできませんので、ご了承

ください。

　　　　　　　　　　　　　　　　お問い合わせ先　　健康と年金出版社

　　　　　　　　　　　　　　　　FAX：045（664）4680

　　　　　　　　　　　　　　　　E-mail：editor@ken-nen.co.jp

2023 年　遺族給付 Q&A

2023 年 8 月 4 日　　初版第 1 刷発行

発　行　　健康と年金出版社
　　　　　〒 231-0015
　　　　　神奈川県横浜市中区尾上町 1-6
　　　　　TEL：045-664-4677
　　　　　FAX：045-664-4680

＊定価は表紙に表示してあります。
＊落丁・乱丁本はお取替えいたします。
＊著作権法により、無断複写複製は禁じられています。

印刷所　シナノ印刷株式会社

ISBN978-4-901354-96-7